职业教育改革创新教材

Qiche Weixiu Fuwu Jiedai Shixun Jiaocheng

汽车维修服务接待实训教程

（第2版）

张琳琳　主　　编

周丽燕　副　主　编

朱　军　丛书总主审

人民交通出版社股份有限公司

北　京

内 容 提 要

本书是职业教育改革创新教材之一,其主要内容包括:预约维修服务、客户到达与接待、故障诊断服务、维修项目解释及派工、维修服务及质量检查、维修交付及引导客户离店、电话回访、处理抱怨和投诉。

本书可作为职业院校汽车运用与维修专业、汽车整车与配件营销专业的教材,也可供相关企业技术人员参考阅读。

图书在版编目(CIP)数据

汽车维修服务接待实训教程/张琳琳主编. —2 版
. —北京:人民交通出版社股份有限公司,2021.7
ISBN 978-7-114-17023-2

Ⅰ.①汽… Ⅱ.①张… Ⅲ.①汽车—车辆修理—商业
服务—职业教育—教材 Ⅳ.①U472.4

中国版本图书馆 CIP 数据核字(2021)第 018364 号

职业教育改革创新教材

书　　　名:**汽车维修服务接待实训教程(第 2 版)**
著　作　者:张琳琳
责任编辑:翁志新　侯力文
责任校对:孙国靖　卢 弦
责任印制:张　凯
出版发行:人民交通出版社股份有限公司
地　　　址:(100011)北京市朝阳区安定门外外馆斜街 3 号
网　　　址:http://www.ccpcl.com.cn
销售电话:(010)59757973
总 经 销:人民交通出版社股份有限公司发行部
经　　　销:各地新华书店
印　　　刷:北京市密东印刷有限公司
开　　　本:787×1092　1/16
印　　　张:10.25
字　　　数:184
版　　　次:2014 年 4 月　第 1 版
　　　　　　2021 年 7 月　第 2 版
印　　　次:2021 年 7 月　第 2 版　第 1 次印刷　累计第 5 次印刷
书　　　号:ISBN 978-7-114-17023-2
定　　　价:27.00 元

职业教育改革创新教材编委会

（排名不分先后）

主　　任：刘建平（广州市交通运输职业学校）

　　　　　杨丽萍（阳江市第一职业技术学校）

副　主　任：黄关山（珠海城市职业技术学院）　　　　周志伟（深圳市宝安职业技术学校）

　　　　　邱今胜（深圳信息职业技术学院）　　　　朱小东（中山市沙溪理工学校）

　　　　　侯文胜（顺德职业技术学院）　　　　　韩彦明（佛山市华材职业技术学校）

　　　　　庞柳军（广州市交通运输职业学校）　　　程和勋（中山市中等专业学校）

　　　　　冯　津（广州合赢教学设备有限公司）　　邱先贵（广东文舟图书发行有限公司）

委　　员：谢伟钢、赵镇武、孟婕、曾艳（深圳市龙岗职业技术学校）

　　　　　李博成（深圳市宝安职业技术学校）

　　　　　罗雷鸣、陈根元、马征（惠州工业科技学校）

　　　　　邱勇胜、何向东（清远市职业技术学校）

　　　　　李洪泳（江门市新会机电职业技术学校）

　　　　　刘武英、陈德磊、阮威雄、江珠（阳江市第一职业技术学校）

　　　　　苏小举、孙永江、李爱民（珠海市理工职业技术学校）

　　　　　陈凡主（中山市沙溪理工学校）

　　　　　刘小兵（广东省轻工高级职业技术学校）

　　　　　许志丹、谭智男、陈东海、任丽（佛山市华材职业技术学校）

　　　　　欧阳可良、马涛（佛山市顺德区中等专业学校）

　　　　　周德新、张水珍（河源理工学校）

　　　　　谢立梁（广州市番禺工贸职业技术学校）

　　　　　范海飞、闫勇（广东省普宁职业技术学校）

　　　　　温巧玉（广州市白云行知职业技术学校）

　　　　　冯永亮、巫益平（佛山市顺德区郑敬怡职业技术学校）

　　　　　王远明、郑新强（东莞理工学校）

　　　　　程树青（惠州商业学校）

　　　　　高灵聪（广州市信息工程职业学校）

　　　　　黄宇林、邓津海（广东省理工职业技术学校）

　　　　　张江生（湛江机电学校）

　　　　　任家扬（中山市中等专业学校）

　　　　　邹胜聪（深圳市第二职业技术学校）

丛书总主审：朱　军

PREFACE TO THE SECOND EDITION

　　"十二五"期间,人民交通出版社以职教专家、行业专家、学校教师、出版社编辑"四结合"的模式开发出了"职业教育改革创新示范教材",受到广大职业院校师生的欢迎。

　　为了紧跟汽车行业发展趋势,更好地适应汽车类专业实际教学需求,2019年12月,人民交通出版社股份有限公司吸收教材使用院校教师的意见和建议,组织相关老师,对已出版的"职业教育改革创新示范教材"再次进行了全面修订,对个别不能完全适应学校教学的教材重新进行了整合,更新了教材内容,并对教材中的错漏之处进行了修正。

　　该套教材将先进的教学内容、教学方法与教学手段有效地结合起来,形成课本、课件(部分课程配)和数字资源(部分课程配)三位一体的立体化教学资源。

　　《汽车维修服务接待实训教程》是其中一本,此次修订,对第1版中陈旧的内容进行了更新,例如第1版教材中所写企业与客户的联系主要通过电话和短信来实现,但是,近年来微信作为倍受欢迎的联络方式,几乎替代了短信,而且也给企业和用户搭建了很好的联络平台;参考了全国职业技能大赛中职组企业营销赛项服务接待子项目的要求,对实训项目设定和话术做了修订;对第1版中的错漏之处和不严谨的文字表述进行了修改,使教材内容更加准确和精炼;配套的电子课件也进行了修订。

　　本书由广州市交通运输职业学校张琳琳担任主编,周丽燕担任副主编,参与编写的还有段群。其中,张琳琳编写绪论、单元一、单元二、单元七和单元八,周丽燕编写单元三和单元四,段群编写单元五和单元六。全书由张琳琳统稿。

　　本书的编写得到了人民交通出版社股份有限公司的指导,也得到了广州市交通运输职业学校东风标致雪铁龙校企合作项目和奥迪校企合作项目老师们的大力支持,在此一并感谢!

限于编者的经历和水平,书中难免有不妥或错误之处,敬请广大读者批评指正,提出修改意见和建议,以便重印或再版时改正。

职业教育改革创新教材编委会
2020 年 11 月

目录 CONTENTS

绪论

    随着汽车销售市场竞争的日益激烈，客户对汽车售后服务的要求也越来越高。各品牌4S店都越来越重视售后业务，希望给予客户最优质的服务，以满足客户不断提高的期望，提升客户的满意度以及对品牌和4S店的忠诚度。

    细节决定成败，售后服务工作要求工作人员注重服务过程中的每一处细节，只有每一个过程、每一处细节落实到位，才能有效地提升客户满意度。在售后服务过程中，服务顾问代表了4S店甚至是品牌，是唯一陪同客户完成整个维修过程的人（图0-1），服务顾问的服务质量直接影响了客户的满意程度。因此，服务顾问必须不断加强自己的专业素养，提升自己的业务能力，以便为客户提供超越预期的服务。

    另外，标准化服务的运用也非常有必要，客户希望在同一品牌的任意一家4S店都能享受到一样的服务，这就必须强调标准化服务流程，在保证服务质量的同时，也能有效地提升客户的满意度。

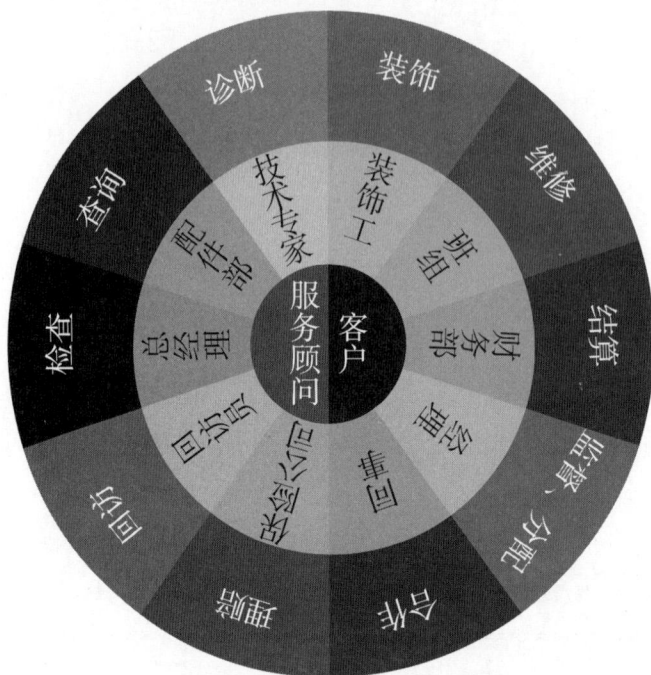

图 0-1　服务顾问的重要性

🔴 学习准备

(1)"服务顾问"的英文简写是什么？其岗位职责是什么？服务顾问对于4S店和客户有什么重要性？

_____

_____

_____

(2)服务顾问应该掌握哪些知识？具备什么样的素质？

_____

_____

_____

(3)客户对于汽车维修过程有什么期望？

_____

_____

二 服务流程

汽车维修服务接待流程如图 0-2 所示。

图 0-2　汽车维修服务接待流程

单元一
预约维修服务

在维修的高峰期,很多客户都遇到过要在4S店长时间等候的情况,这时容易使客户产生不满情绪。为了避免这种情况,很多4S店为客户推广预约服务。预约服务是汽车维修服务企业用于提高市场份额、维护客源稳定性、提升客户满意度的重要手段。对于业务量相对较大的企业,有效地推广客户预约服务,不但能够起到平衡工作量的作用,还可以有效降低企业的人力成本,提高运营效率、节约管理成本。对于业务量相对较小的企业,逐步培养客户的预约习惯,锻炼员工对预约服务的管理与策划能力,合理安排人员和时间,也是十分必要的。

预约可以分为主动预约和被动预约两种。主动预约是指由4S店的工作人员根据车辆维修记录直接致电客户,询问车辆的使用状况,了解客户是否需要进行维护,为其制定维护计划,根据客户的意愿为客户进行预约,同时根据车间的维修量和人员情况进行合理的安排。被动预约是指由客户主动拨打4S店的预约电话,客服人员从中了解客户的维修要求,根据车辆维修记录和客户描述,为客户预约维修时间,并做好工具、人员和工位安排,使客户一进店就可以马上享受到维修服务(图1-1)。

图1-1 客户对预约的期望

预约维修可以同时给客户和4S店双方带来好处。对客户而言,可以用"省事、省时、省心"来描述。省事,即客户可以根据自己的情况灵活安排车辆的维修,方便快捷,通过电话或微信即可实现;省时,即客户的车辆到店就可以马上得到服务,减少了等候时间;省心,即通过预约,4S店可以合理地安排人员为客户检查和维修,确保时间充裕,保证维修质量。对4S店而言,可以使工作由被动变为主动,在工具、人员、配件、工位等方面做到有条不紊,提高工作效率和资源利用率;另外,也有利于平均分配每天的工作量,以接待更多的客户,提升客户满意度。

任务一 电话预约维护

【情景1】 一个周三的上午,李先生给某4S店打电话,预约第二天上午进店维护。4S店的工作人员看了次日维修车间的时间安排后,询问李先生早上九点半是否可以到店,李先生说没有问题,工作人员按此时间安排好维修班组。第二天上午九点,预约专员打电话给李先生询问是否会按时到店,李先生说会按时到达。九点半,李先生来到4S店,已经在等候的服务顾问小吴迎上来接待了李先生,然后将车辆开进车间,进行40000km常规维护。两个多小时后,李先生满意地驾车离开了4S店。

【情景2】 国庆节前夕,陈先生为了放假时能够放心外出,决定把车开去4S店进行维护。上午10点半,陈先生到达某4S店,发现维修接待区还有10多辆车在等候。一个多小时后,终于轮到陈先生。等待期间,陈先生想去休息室休息却没有空位,只好在销售区找了座位坐下,中午在4S店吃了快餐。每一次的10000km例行维护的排队等待,都让陈先生觉得心烦。后来,在服务顾问的建议下,陈先生决定以后来做维护时也要先进行电话预约。

【情景3】 周六早上,郑先生将自己的新车开到了4S店,准备为被蹭掉了一大块漆的车头补漆。没想到,4S店外早已停了十几辆等着维修的车辆,排队至少要等上一个小时。最让他不能接受的是,一位比他晚到半个小时的车主,竟然一到4S店就被优先接待了。于是,郑先生向前台主管投诉有人插队,可是,前台主管却向他解释说,这是一位预约维修的客户,有优先权,所以不需要排队。

随着汽车保有量的增加,每家4S店的售后维修服务都面临着不小的压力,一些4S店的日均接车量在100辆以上,而且,客户到店的时间分布不均匀,一般上午和周末客户较多,而其他时间的客户相对较少,这就给店内的人员和工位安排带来了压力,同时,客户在等候时也非常容易产生不满情绪。通过电话或微信预约,客户可以获取准确的服务信息,便于根据自己的需要合理安排时间,减少排队等候。很多4S店已经把预约率列入售后服务的关键绩效指标(KPI)。

● 任务描述

图1-2　拨打/接听预约电话

【主动预约】 某4S店的客服人员小林通过店内管理系统查询,发现客户王先生于半年前来店做过维护,估计至今已经行驶了10000km,于是打电话给王先生,提醒王先生于近期来店维护(图1-2)。王先生选择了预约周四进店维护。

【被动预约】 王先生为了假期出游安全,决定提前去4S店检查一下车辆状况,于是给某4S店打了个预约维护的电话,预约周四上午进店维护。

● 学习准备

❶ 基本素质要求

4S店的客服人员应该具备哪些基本素质?

_____

_____

_____

_____

❷ 知识准备

4S 店的客服人员应该掌握哪些基础知识？

_____

_____

_____

❸ 话术准备

(1)你在礼仪课上学习了哪些电话礼仪？

_____

_____

_____

(2)接听电话时应注意哪些问题？

_____

_____

_____

(3)拨打电话时应注意哪些问题？

_____

_____

_____

❹ 工具、表单准备

预约登记表、工单、预约排班表、车顶标示牌、预约欢迎看板、电话、预检单、安全防护三件套(地板垫、座椅套、转向盘套)。

三 实训流程

汽车维修服务接待预约流程如图 1-3 所示。

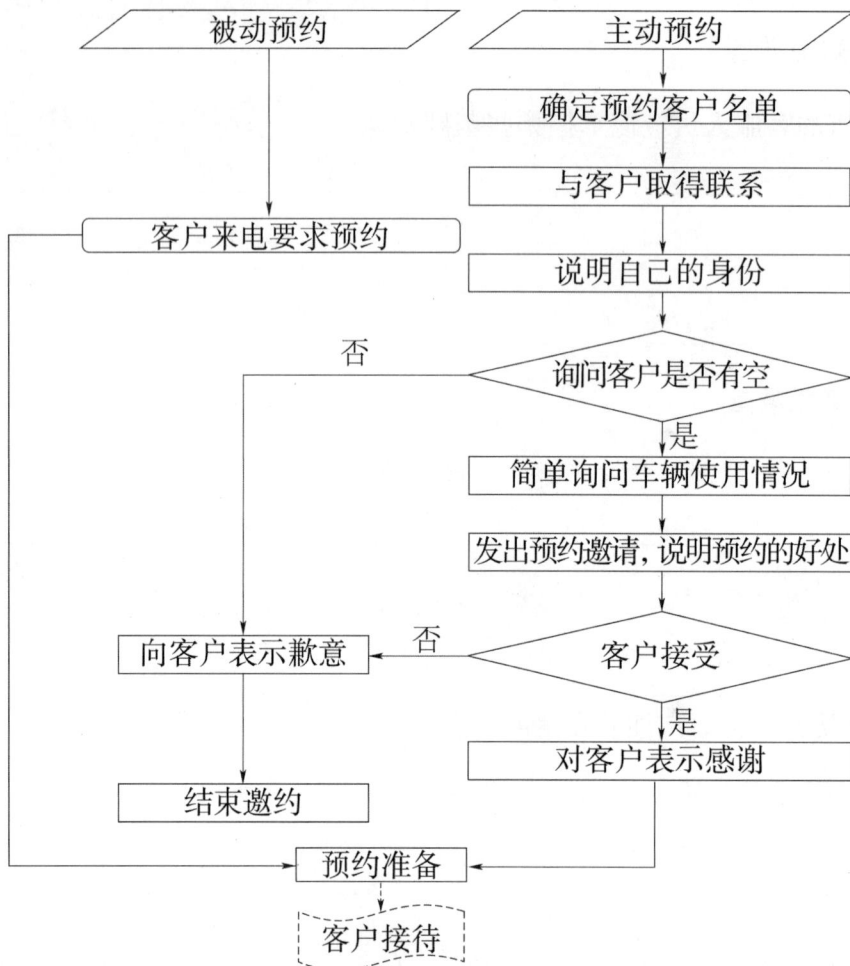

图1-3　汽车维修服务接待预约流程图

四 实训步骤

1 预约招揽

　　预约招揽是指通过短信、电话、微信、网络等方式,向客户宣传预约的好处,鼓励客户在维修之前进行预约,提高4S店的预约率,使企业的工作更加高效。

　　短信预约示例如下:

　　定期维护提醒:尊敬的粤A×××××车主,您的爱车于×月×日在我店进行了常规维护,行驶里程＿＿＿＿＿km,本次维护里程为＿＿＿＿＿km,请您于该里程之前到店维护。预约电话××××××××,期待您的来电。××4S店温馨提醒,谢谢。

你还能想到哪些预约招揽的方法？

_____

_____

_____

❷ 电话预约

电话预约是预约招揽中沟通最有效的一种方式,可分为主动预约和被动预约两种方式。

(1)拨打预约电话(主动预约)。

拨打预约电话前需做哪些准备？

_____

_____

_____

(2)接听预约电话(被动预约)。

接听电话时怎样跟客户打招呼？

_____

_____

_____

主动预约话术	问　　题
小林:您好,我是××4S店的客服专员小林,请问您是粤A×××××的车主王先生吗？不好意思,打扰您几分钟,请问您现在方便接听电话吗？ 王先生:是的,你请讲。 小林:感谢您对我们工作的支持。根据我们的资料显示,您的爱车于今年1月份在我店做了定期维护,里程为21000km。我们的车辆维护周期为一年	(1)客户接到电话后说:"我在开会,没时间。"作为客服人员,应该怎样回应？ (2)客户说:"我已经在其他店里做过维护了。"客服应该如何应对？

或10000km,先到为准,请问王先生您的爱车现在的里程是多少?

王先生:大概是30000km吧。

小林:好的,王先生,您的爱车应该于31000km前来店维护,现在我代表公司邀请您按期来店维护,我公司现已开通预约维护服务,提前预约可以享受优先服务以及工时费九五折等优惠,请问您是否需要预约?

王先生:好的。

小林:王先生,请问您什么时间方便?

王先生:这个周四上午有时间,可以安排吗?

小林:好的,先生,周四上午十点可以吗?

王先生:可以。

小林:好的,王先生,现在我帮您登记,谢谢您接听我们的电话。那我就不多打扰您了,以后车子有任何问题都可以拨打这个电话。祝您用车愉快,再见!

(3)如果客户预约的时段店内比较繁忙,无法安排预约,客服人员应该怎样跟客户说?

被动预约话术	问　　题
小林:您好,这里是××4S店,我是客服专员小林,请问有什么可以帮您? 王先生:您好!我想预约维护。 小林:好的,请问先生您怎么称呼? 王先生:我姓王。 小林:王先生,请问您的车辆号牌是多少? 王先生:粤A×××××。	(1)如果电话响时没有及时接听电话,客服人员在接通后怎样跟客户解释?

续上表

小林:王先生,请问现在的行驶里程大概是多少?希望预约什么时间?

王先生:里程大概是31000km,我希望预约周四上午10点钟。

小林:王先生,我先帮您看一下这个时间段是否已经约满。

王先生:好的。

小林:王先生,可以预约,现在我帮您登记一下预约资料好吗?

王先生:需要登记什么?

小林:请问送修人是王先生您本人吗?电话号码是本次来电号码吗?

王先生:是的。

小林:好的,王先生。跟您确认一下资料,车辆牌号是粤A×××××,电话号码×××××××××××,预约维护,里程数是31000km,对吗?

王先生:是的。

小林:王先生,我已经帮您登记好了,还有什么可以帮您吗?

王先生:没有了,谢谢!

小林:不客气,王先生。本次维护的时间大概是一个半小时,您看可以吗?

王先生:没问题。

小林:很高兴能为您服务,王先生,感谢您的来电,祝您用车愉快,再见!

王先生:再见!

(2)如果客户预约的时间客人较多,可能要等候较长时间,或者要更改时间,客服人员如何跟客户解释?

(3)在接听电话过程中,应该保持什么样的姿态和心态?可不可以将脚放在椅子上或者桌子上?

❸ 预约确认

预约前一天按照预约登记表(表 1-1)与客户确认预约状况,可以通过发送短信或打电话的方式与客户确认,不能按时到店的要在预约登记表上标明原因。

预 约 登 记 表

表 1-1

以下由预约人员填写				
预约登记日期:			预约维修时间:	
客户姓名		车辆号牌	车型	
联系电话		行驶里程(km)	预约服务专员	
客户描述:				
预约维修内容	工时费用	所需配件	价格	配件状况
与客户提前一天确认预约	是 否	新预约时间:		
预约所需配件是否已准备	是 否			
预约时间是否改变	是 否			
以下由预订服务专员填写		新预约时间:		
预约所需维修技工是否已准备	是 否			

12

续上表

预约所需配件是否已准备	是 否	新预约时间：
与客户提前一小时确认预约	是 否	
填写预约欢迎板	是 否	
预约时间是否改变	是 否	
取消预约原因：		

预约短信内容示例：

温馨提示:尊敬的车主,您好! 您已预约明天××时间来本店做××km 的维护,维修时间约为××min,费用约××元。我们恭候您的光临! 如能准时来店,请短信回复"确认",谢谢! ××4S 店

思考

发送短信后如果客户无回复,客服人员应该怎么处理?

_____

_____

_____

❹ 完成预约后的准备

每天下班前,预约专员或客服人员要与维修前台相关人员做好预约交接记录,然后由前台将将第二天预约客户名单整理好,写在预约欢迎板上,并做好如下工作:

(1)每天早会时间说明当天的预约车辆数;

(2)为预约车辆安排服务顾问及计划对应的维修班组;

(3)为预约车辆安排维修项目所需的工具和零件等;

(4)出迎组准备好预约告示牌,以便在预约车辆到达后放在车顶或仪表台;

(5)填写预约管理看板(图1-4),完成相关单据的准备工作。

⑤ 预约执行

在客户到达前的一个小时,由服务顾问致电客户,确认客户是否能够按时到达,并做好出迎准备,同时在表1-2、表1-3中做好记录。

前台预约记录交接表　　　　　　　表1-2

日期:　　　　　　　　　　　　　　　　　　记录员:

来电时间				
来电号码				
预约客户姓名				
车辆号牌/车架号				
预约内容				
预约时间				
是否准时来店				
调整时间				
服务顾问				
车间调度确认				
作业班组				

预约客户未到店跟踪表　　　　　　表1-3

序　号	客户姓名	车辆号牌	联系电话	本次预约目的	未到店原因
1					
2					
3					
4					
5					
6					
7					
8					
9					
10					
11					
12					
13					
14					

预约管理看板

	8：00	9：00	10：00	11：00	12：00	13：00	14：00	15：00	16：00	17：00
服务顾问 A	顾客姓名： 车辆号牌： 预约时间： 维修内容： 预约工位：									
服务顾问 B			顾客姓名： 车辆号牌： 预约时间： 维修内容： 预约工位：							
服务顾问 C	顾客姓名： 车辆号牌： 预约时间： 维修内容： 预约工位：									
服务顾问 D										

磁性贴板

顾客姓名：
车辆号牌：
预约时间：
维修内容：
预约工位：

● 已到店
■ 延时到店

小磁块

图 1-4　预约管理看板

任务二　推广预约维护

【情景1】　某天上午,很多××4S店的客户都收到了这样一条短信:"各位车主,为了保证服务质量,从今日起,本店每个服务顾问每天只接待10辆车。如需维护,敬请预约。预约电话:020-×××××××。多谢合作!"

【情景2】　车主赵先生预约了周日上午十点钟到店维护,但是到店时却发现已经有多辆汽车在排队,赵先生说自己预约了,但是由于等候的车辆较多,车辆停的较乱,赵先生的车辆无法直接进入车间,导致等了半个多小时才排到前面。赵先生反馈说预约不预约都要排队,为什么还要预约呢?

某4S店的售后经理这样说:"××4S店的预约率目前已经达到了70%,而我们则只有30%,这让我们的工作很被动,我们并不希望售后服务部看上去门庭若市,我们更希望每辆车都能通过预约有条不紊地到店维修,如果能将预约率提升到60%以上,店内的维修工作就会有序很多。这才是我们期待的理想状态。"

如何引导客户进行预约维修,这成了很多品牌和4S店难以突破的问题,如果能够提升预约率,不仅能给4S店减轻压力,也会给消费者带来实惠。

任务描述

【推广预约】　目前各4S店几乎都推行了预约维修服务(图1-5),还通过"工时费打折"等手段推行,但效果并不明显。一些4S店的预约率始终无法突破50%,请为你所在的4S店制定推广预约方案,争取提升4S店的客户预约率。

今天你预约了吗?

1.预约客户享受优先服务权;
2.减少客户等待时间;
3.享受工时折扣。

提前一天预约哦

预约电话:×××××××
预约时间:上午8:30-12:00
　　　　　下午13:00-18:00

图1-5　推广预约卡示例

学习准备

1 知识准备

（1）哪些项目可以预约？

_____

_____

_____

（2）对预约的客户可以给予什么样的优惠？

_____

_____

_____

（3）有效的预约应包含哪些要素？

_____

_____

_____

（4）可以通过哪些方式进行预约推广？

_____

_____

_____

2 话术准备

（1）在进行电话预约推广时，如果客户愿意继续接听电话，客服人员应该运用什么话术？

_____

(2)如果客户不愿意继续接听电话,客服人员应该运用什么话术?

❸ 工具、表单准备

在进行预约推广时,客服人员需要准备哪些工具和表单?

⬢ 实训步骤

❶ 了解预约优惠

给予客户适当优惠,可以吸引客户、提高预约率,但是如果客户都约在繁忙时段,则同样会增加维修车间的负担,因此,要设法引导客户预约在非繁忙时段。在预约时可以将时段做细分,将时段与每个时段所能接纳的预约台次、优惠幅度相结合,使预约更高效。

思 考

除了按时段打折之外,还可以采用哪些优惠措施?

❷ 制订推广方案

【推广方案1】 某4S店的预约推广方案如下:

活动时间:××年×月×日—××年×月×日

活动内容:开展预约服务推广活动,预约服务工时优惠及抽奖活动,奖品为工时抵用券,同时开展绿色通道、预留工位活动。

(1)为预约客户开通绿色通道,保证活动期间成功预约并及时到店的客户享有如下优先权:

①接待免等候;

②维护优先;

③洗车优先;

④结算优先。

(2)为预约客户预留工位,活动期间保证为成功预约并准时到店的客户预留工位,保障其专享特权。

(3)抽奖活动,成功预约并准时到店的客户可在店内参与抽奖。

活动范围:××全系车型

预约电话:×××××××

【推广方案2】 某4S店针对新购车客户推出预约推广方案,具体内容如下:凡××年×月×日前购买××车型的车主均可预约参加360°全方位关怀活动,可获赠一张精美的"新车关怀"车辆体检卡,车主可以通过预约进行一次全车免费检测;同时,免费获得为爱车量身定制的六选一售后维护套餐,共有划痕修护、漆面维护、安全维护、低碳养护、清新呵护、附件陪护6套套餐可供选择,车主可以从中任选一套给爱车做有针对性的贴心养护和"理疗SPA",既能为爱车营造更为清洁、舒适的驾乘环境,又能提升车辆的行驶安全系数,以及延长车辆的使用寿命。为了让车主更为直观详细的了解活动内容,4S店会以短信或微信的方式发送到车主手机上。

❸ 进行预约推广

可执行预约推广的环节有服务顾问的接待环节与交车环节、收银员的结算与收银环节以及回访员的回访环节。所有可参与预约推广的岗位,都应该承担预约推广的职责。为了给客户提供方便的预约渠道,企业网站、电话、微信公众号等,都可以成为预约服务的有效工具。

预约推广短信示例如下:

尊敬的车主:您好! 5 月 1 日至 5 月 30 日期间,我店推出定期维护推广活动,凡在 5 月内成功预约并按时到店者,均赠送礼品一份,并可参加抽奖活动,奖品包括拉杆箱、野餐垫等,欢迎致电 020-×××××××预约。 ××4S 店敬上

预约推广电话话术	问 题
小林:您好,我是 ××4S 店的客服专员小林,请问您是粤 A ×××××的车主王先生吗? 不好意思,打扰您几分钟时间,请问您现在方便接听电话吗? 王先生:是的,你请讲。 小林:王先生,夏天即将来临,我店现正举行空调系统免费检测活动,活动期间来店客户更换耗材也有特别优惠,另外还有其他优惠活动。由于天气变化,为了确保您的空调系统工作正常无异味,我们建议您来店参加免费检测活动,并每半年来店维护一次,以确保您和家人的健康和安全。 王先生:不用了,我最近很忙。维护需要预约吗? 小林:是的,提前电话预约,我们可以安排在您空闲的时间,节省您的宝贵时间。同时,预约也可以享受工时折扣。 王先生:我需要的时候再预约吧。 小林:好的,王先生,谢谢您接听我们的电话,打扰您了。需要维护时,您可以拨打020-×××××××进行预约。祝您用车愉快,请您先挂机,再见!	(1)如何挑选预约推广对象? (2)在拨打预约电话之前,我们需要做哪些心理准备? 如果被拒绝怎么办?

实 训 指 导

实训项目1　主动预约维护过程演练

1 实训准备

(1)在预约之前客服人员应该做好哪些仪容仪表准备？

_____

_____

_____

(2)还需要做哪些其他方面的准备？

_____

_____

_____

2 实训过程

1)情景说明

(1)客服人员根据系统信息招揽客户,并达成预约。

(2)客户姓名:张先生;车辆号牌:粤 A ×××××。

(3)预约时间:非繁忙时段;项目:40000km 维护。

2)演练内容

实施主动预约和安排预约前一日准备工作。

3)参与角色

客服人员、服务顾问、车间主管、零部件人员、引导人员。

4)道具

预约排班表、预约管理板(快修车辆派工看板)、快速服务单、工单架、零部件、预约材料架。

5)实训要点

(1)分组:每组 6 ~ 10 人。

(2)角色分配:组员分别扮演客服人员、服务顾问、车间主管、零部件人员、引导员、客户。

（3）要点：

①根据系统提示筛选合适的客户，对当日可进行预约招揽的客户进行确认；

②按时间拨打电话，征询客户意见；

③合理分流并确认预约时间；

④注意事项提醒；

⑤确认客户其他需求，对客户表示感谢；

⑥将电话相关信息登入预约登记表；

⑦预约前一天与客户确认预约情况；

⑧安排维修技师和工位，确认零部件准备情况；

⑨制作预约管理板，完成相关单据等准备工作。

（4）点评：学生评委点评，教师讲评，并总结出标准话术做参考。

实训项目2　预约推广过程演练

❶ 实训准备

（1）预约推广方案由店内哪些部门协同制订？

_____

_____

_____

（2）还需要做哪些话术准备？

_____

_____

_____

❷ 实训过程

1）客服人员根据店内管理系统信息招揽客户，并推广预约首次维护服务

2）客户姓名：张先生，车辆号牌：粤 A ×××××

3）推广项目

车主首次维护预约成功，即可获赠礼品。

4）演练内容

制定预约推广方案,制作店内预约推广广告,并按照方案对新车车主进行预约推广。

5）参与角色

组员分别扮演客服人员、服务顾问、市场部人员、销售顾问。

6）道具

预约排班表、预约管理板(快修车辆派工看板)、快速服务单、工单架、零部件、预约材料架。

7）实训要点

(1)分组:每组6~10人。

(2)角色分配:组员分别扮演客服人员、服务顾问、市场部人员、车主等。

(3)要点:

①根据系统提示,筛选当日可进行预约招揽的客户;

②拨打电话,进行自我介绍,说明拨打电话的目的;

③介绍预约优惠,了解客户意愿;

④确认客户是否愿意预约,介绍注意事项;

⑤确认客户其他需求,对客户表示感谢;

⑥将预约信息录入预约登记表;

⑦预约前一天与客户确认预约状况;

⑧安排维修技师和工位,确认零部件准备情况;

⑨制作预约管理板,完成相关单据等准备工作。

(4)点评:学生评委点评,教师讲评,并总结出标准话术做参考。

练　习

1 问答

(1)预约维修对车主和4S店分别有什么好处?

(2)如何提升4S店的预约维护率?

(3)预约推广可以针对哪些客户进行?

❷ **话术练习**

(1)王小姐三天前电话预约了今天进店首次维护,请用标准话术完成与王小姐的预约确认。

(2)李先生打来电话想预约本周末来店进行40000km维护,请完成预约接受话术。

(3)小张是某4S店的客服顾问,为了提高预约率,公司要求打电话给老客户进行预约推广,请完成推广话术。

(4)刘先生打来电话,希望预约三个小时后进店维护,但是,目前店内各班组均已排满,无法完成预约,请完成拒绝引导话术。

(5)张小姐三个月前在本店购买了新车,请通过电话对张小姐进行回访并进行预约维护推广。

❸ **综合题**

(1)请制作一张预约维修推广卡片。
(2)请制作一张预约维修推广海报。
(3)请完成一则预约维修微信宣传文案。

单元二
客户到达与接待

学习目标

1. 了解维修接待准备工作要点;
2. 能完成客户到达接待工作;
3. 掌握客户到达接待的话术。

"客户接待"是维修接待服务人员给客户留下良好第一印象的关键时刻。迅速、热情、友好、专业的接待能够体现对客户的尊重和关心,给客户留下良好的印象,赢得客户的信赖,建立良好的互动关系,提升客户的满意度(图2-1)。

> 到达4S店时希望第一时间有人主动热情的接待我,引导我将车辆停好后为我提供快速周到的服务。

图 2-1 客户对维修接待过程的期望

4S 店在为客户服务的过程中,服务态度是最先被客户感知到的。服务顾问作为与客户沟通的直接桥梁,肩负着重要责任,很多客户会把服务顾问的服务态度好坏作为衡量 4S 店服务质量的重要标准。

4S 店的售后服务工作要使客户满意,依赖于优秀的服务顾问。一个优秀的服务顾问,必须技术和礼仪两手抓,如果仅仅在技术上做得好,但在客户接待时,使客户感觉不亲切或不满意,这将会使 4S 店所提供的服务大打折扣,因此,要使无形的接待服务变得更有价值,那就必须充分发挥服务顾问接待的功能。如果在接待过程中,不能带给客户愉悦感,使客户产生诸多不满,就会让客户得出这样的结论:这个地方管理差,不正规;服务态度差,没把客户当回事,更无沟通可言;维修环境条件差,维修质量无保证,车在这儿修不放心。从而导致客户不满意,进而导致客户的流失。

任务一 接待准备

【情景】 一周前张先生预约今天到店维护,上午 9 点,张先生按照约定的时间来到 4S 店,从主入口处把车开了进去。到了停车场,他发现维修通道(图 2-2)在他的左边 50m 处。他小心翼翼地从两排新车中间开过去,来到了维修车道。尽管这时才刚刚上午 9 点钟,但他的前面好像已经停了几辆车了。客户们站在自

图 2-2 4S 店维修通道

己的车旁,穿着工作服的工作人员急匆匆的拿着纸、钥匙、电话和笔记板东奔西跑。张先生也下了车,几分钟后有一个人走了过来,张先生说:"我已经预约……"这时这个工作人员打断他的话,说到:"我只是过来检查一下你的车,服务顾问一会儿就过来。"那个人开始拿着笔记板绕车检查,检查了里程表和车辆号牌,然后把信息记在一张纸上。之后把检验单放在前风窗玻璃前面,离开了。张先生靠着他的车耐心地等着,他开始更仔细地观察那条维修车道,一定是有人开车撞上了墙,因为墙上有一个凹痕,一侧还有一米左右的刮痕。维修车道上还有一个垃圾桶,边上有纸、纸杯和其他东西。在通往等待区域的门上仍显示着"关闭"的标志,外面的前台看起来又脏又乱。这时,终于有一位

服务顾问走了过来,接待了张先生。

通过上述案例,可以想象出这样的4S店,给车主带来的感受并不好。只有充分做好接待准备,才能以高质量的接待给客户留下良好的第一印象,从而获得客户的好感,令后续服务顺利进行,提升客户的满意度和忠诚度,让客户愿意再次光临本店。

● 任务描述

【仪容仪表准备】　在开始工作之前,服务顾问应该检查自己的仪容仪表(图2-3),确定以饱满的精神状态,规范的职业形象迎接客户的到来,给客户留下良好的第一印象,为所有后续工作奠定良好的基础。

【接待准备】　在客户到达之前,相关的文件、工具和工作环境需要先检查,确定没有问题,以便在客户到达时可以更快地进入接待工作,同时也可以给客户一个舒心愉悦的环境。

图2-3　服务顾问仪容仪表自检

● 学习准备

❶ 仪容仪表准备

(1)标准的4S店服务顾问,在仪容仪表方面有什么具体要求?

_____

_____

_____

(2)请整理好自己的仪容仪表,并互相检查,把检查结果写在下面。

_____

_____

_____

_____

❷ 知识准备

(1)客户对维修接待环节的期望是什么?

_____

_____

_____

_____

(2)客户不希望看到4S店怎样的工作环境?

_____

_____

_____

_____

(3)客户来到4S店可能有哪几种心理状态?

_____

_____

_____

_____

❸ 话术准备

(1)客户到达的第一时间,招呼客户时应该说什么?

_____

_____

_____

(2)拨打预约客户的电话,进行预约确认时应该说什么?

_____

_____

_____

_____

❹ 工具、表单准备

预约登记表、工单、预约排班表、车顶标示牌、预约欢迎看板、预检单、派工单、维护表单、电话、预检单、安全防护三件套。

三 实训流程

维修服务接待准备流程如图 2-4 所示。

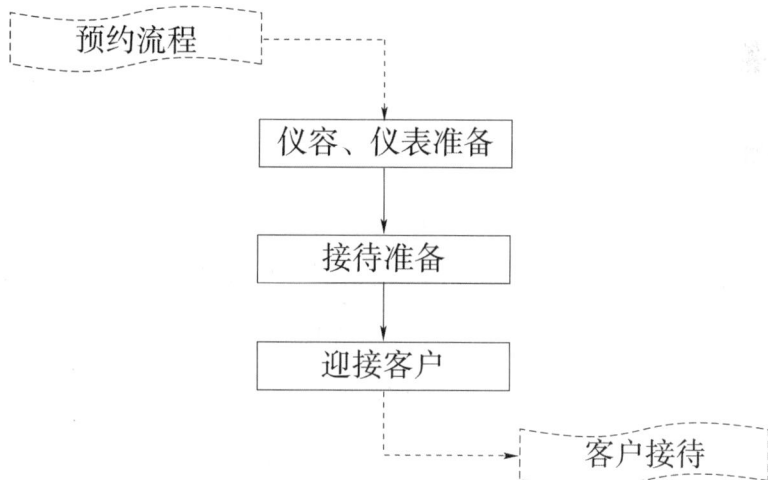

```
┌ ─ ─ ─ ─ ─ ─ ─ ─ ┐
    预约流程        ├ ─ ─ ─ ─ ┐
└ ─ ─ ─ ─ ─ ─ ─ ─ ┘          │
                              ▼
                 ┌────────────────────┐
                 │  仪容、仪表准备     │
                 └────────────────────┘
                              │
                              ▼
                 ┌────────────────────┐
                 │    接待准备         │
                 └────────────────────┘
                              │
                              ▼
                 ┌────────────────────┐
                 │    迎接客户         │
                 └────────────────────┘
                              │
                              │    ┌ ─ ─ ─ ─ ─ ─ ─ ─ ┐
                              └ ─ ─┤    客户接待       │
                                   └ ─ ─ ─ ─ ─ ─ ─ ─ ┘
```

图 2-4　维修服务接待准备流程

四 实训步骤

❶ 仪容仪表准备

请对照表 2-1 检查自己的仪容仪表,并将检查结果写在下面的表格里。

仪容仪表检查表　　　　　　　　　　　　　　表 2-1

检 查 项 目	检 查 要 点	检查结果及评价
姿态	背要挺直	
面部	干净、精神、面带笑容	
手	指甲干净	
服装	穿着工装、服装整齐、干净	

续上表

检 查 项 目	检 查 要 点	检查结果及评价
鞋子	鞋子干净、鞋带系好	
工作牌	佩戴端正	
其他		

❷ 接待准备

(1)准备文件和工具。

①按工作流程要求检查所有工作单据是否齐全(预约登记表、预检单、派工单、维护表单等);

②检查接待前台电脑的工作状况以及打印机;

③检查对讲机和电话;

④察看、整理客户预约登记表,并及时更新客户"预约欢迎板"内容;

⑤提前与预约当日到店的客户进行电话联系,确认客户具体来店时间;如果确认预约客户能够如期而来,可提前准备好预检单,以节省接待洽谈时间;

⑥整理"安全防护三件套"。

电话确认话术	问 题
小李:您好,我是××4S店的服务顾问李新。请问您是粤A×××××的车主王先生吗?不好意思,打扰您几分钟时间,请问您现在方便接听电话吗?	(1)电话确认应提前多长时间?
王先生:是的,你请讲。	
小李:王先生,您好!打扰您了,您预约过今天上午十点来给车辆做维护,想和您确认一下,您的时间有变化吗?	(2)客户如果不能按时到店,应该通知哪些部门?
王先生:没有。	
小李:好的,王先生。我们会做好准备,恭候您的光临,谢谢您的接听!稍后见!	
王先生:好的!	

(2)工作环境的清洁和整理。

①每天开始营业前,检查维修出入口、服务接待区、接待前台、客户休息室和

洗手间的卫生；

②整理客户休息室,检查并打开音响、影音设备,保证电脑正常使用；

③报刊、杂志摆放整齐,并及时更新,检查并保证饮水机处有水、水杯；

④保证客户接待大厅、客户休息室温度适宜,灯光适宜；

⑤全部检查完毕后,各就各位,等待客户光临。

(3)出迎准备。

①在指定位置站好准备迎接客户；

②带好需要的资料,面带微笑；

③在客户到达的第一时间迎接客户。

任务二　客户到达接待

【情景】　客户刘先生于周六上午到 4S 店给自己的爱车进行维护,来到 4S 店才发现今天来维修的车辆特别多,停车场已经停满了车辆(图 2-5),无奈之下,刘先生只能在保安的指挥之下将车子停在路边,但是又担心会被记为违章停车,问保安怎么办,保安说先生您尽管放心,如果有警察抄牌的话我们会通知您,马上将车开走,等警察走了您再回来。刘先生觉得很麻烦,他决定下次维修要换一家环境好(图 2-6),至少能方便停车的 4S 店给自己的爱车做维修。

图 2-5　混乱的停车场

图 2-6　整齐有序的接车区域

客户到达 4S 店的那一刻开始,遇到的所有人和事都会对客户满意度造成影响,尤其是客户接待环节。如果能够在第一时间有专人接待,为客户提供温馨舒适的环境,那么客户也会对 4S 店建立良好的第一印象,进而愿意下次再来光顾。

任务描述

【客户接待】　客户王先生预约今天上午 10 点到店做 30000km 常规维护,店里已做好人员、工位及配件准备。上午 10 点钟,王先生按时到店,服务顾问小李事先已经与王先生电话确认,因此王先生到店后由小李进行接待(图 2-7)。

图 2-7　客户到达

● 学习准备

❶ 知识准备

(1)客户到达 4S 店后,通常对服务顾问的接待环节有什么期待?

_____

_____

_____

(2)客户到达 4S 店后不希望遇到哪些问题?

_____

_____

_____

❷ 话术准备

(1)客户到达后,服务顾问怎样向客户做简单的自我介绍?

_____

_____

_____

（2）服务顾问想了解客户的简单资料,应该如何询问?

_____

_____

_____

_____

❸ 工具准备

在客户到达时,服务顾问需要准备好哪些工具?

_____

_____

_____

_____

思　考

预约客户和非预约客户在到达接待上有什么区别?

_____

_____

_____

_____

三　实训流程

维修服务接待流程如图2-8所示。

四　实训步骤

❶ 客户到达

客户到达后,保安指示客户进入停车区域,并向客户敬礼,表示欢迎。

```
┌ ─ ─ ─ ─ ─ ┐          ┌──────────┐
╎ 接待准备  ╎ - - - →  │ 客户来店  │
└ ─ ─ ─ ─ ─ ┘          └──────────┘
                            │
                       ┌──────────┐
                       │ 问候客户  │
                       └──────────┘
                            │
                       ┌──────────┐          ┌──────────────┐
                       │确认客户来意│  ──→    │  通知服务顾问  │
                       └──────────┘          └──────────────┘
                            │
                       ┌──────────┐          ┌──────────────┐
                       │   分流    │  ──→    │     记录      │
                       └──────────┘          └──────────────┘
        ┌──────────────────┼──────────────────┐
   ┌─────────┐        ┌──────────┐        ┌──────────┐
   │  维护    │        │ 一般维修  │        │   钣喷    │
   └─────────┘        └──────────┘        └──────────┘
        └──────────────────┼──────────────────┘
                       ┌──────────────┐
                       │  服务顾问迎接  │
                       └──────────────┘
                            │
                       ┌──────────┐          ┌ ─ ─ ─ ─ ─ ─ ┐
                       │   问候    │ - - - →  ╎  故障诊断   ╎
                       └──────────┘          └ ─ ─ ─ ─ ─ ─ ┘
```

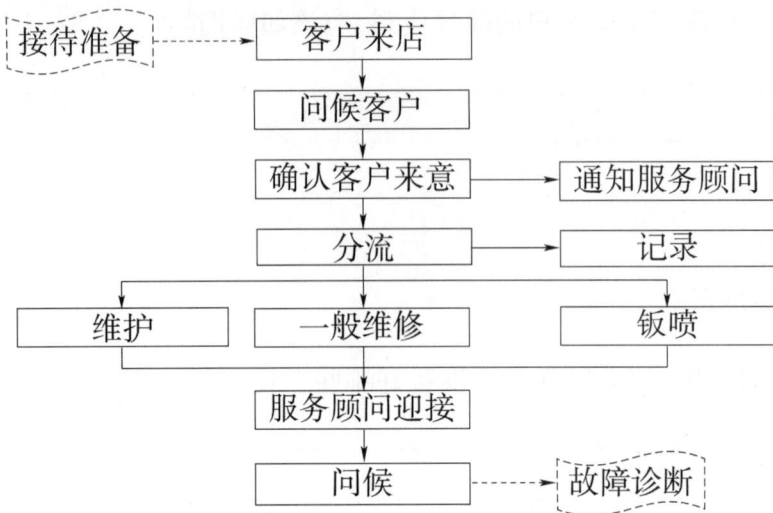

图2-8　维修服务接待流程图

❷ 引导客户

(1)问候客户,了解客户是否有预约;

(2)确认客户来意,询问客户作业类别;

(3)引导人员通知服务顾问及时接待客户;

(4)引导客户车辆进入接待区,按照作业类别停入接待工位。

❸ 迎接客户

(1)向客户致意;

(2)确认客户准备下车后,帮客户打开车门;

(3)当着客户的面安装安全防护三件套(图2-9),确定座椅位置,做出标记。

图2-9　安装安全防护三件套

问题：为什么要安装安全防护三件套和确定座椅位置？

_____

_____

_____

_____

实训指导

实训项目1　接待准备

❶ 实训准备

1）在客户到达前需要准备哪些工具和表单？

_____

_____

_____

2）服务顾问的仪容仪表准备包括哪些方面？

_____

_____

_____

❷ 实训过程

1）情景说明

（1）预约车辆将于上午10点半进店。

（2）客户姓名：张先生；车辆号牌：粤 A ×××××。

（3）项目：首次维护。

（4）接待位充足，服务顾问有空。

2)演练内容

完成每天客人到达前的各项准备,开早会,准备开始一天的维修接待工作。

3)参与角色

客服人员、服务顾问、前台主管、零部件人员、引导人员。

4)道具

预约排班表、预约管理板、快修车辆派工看板、快速服务单、工单架、零部件、预约料架。

5)实训要点

(1)分组:每组6~10人。

(2)角色分配:组员分别扮演客服人员、服务顾问、前台主管、零部件人员、引导员、客户。

(3)早会:由前台主管主持,内容可自行安排。

(4)点评:学生评委点评,教师讲评,并总结出标准话术做参考。

实训项目2 接待过程演练

❶ 实训准备

1)你已经做好了接待前的准备工作吗？请再检查确认一次,把检查内容及结果写在下面。

_____

_____

_____

2)如果在接待过程中遇到愤怒的客户,应该怎样做？

_____

_____

_____

❷ 实训过程

1)情景说明

(1)预约准时进店/非预约。

（2）客户姓名：张先生；车辆号牌：粤A×××××。

（3）项目：40000km维护。

（4）接待工位充足，服务顾问有空。

2）演练内容

完成预约/非预约客户到店后的接待。

3）参与角色

引导员、服务顾问、客户、保安。

4）道具

车辆、快速服务单。

5）实训要点

（1）分组：每组6~10人。

（2）角色分配：组员分别扮演引导员、服务顾问、客户、保安等。

（3）点评：学生评委点评，教师讲评，并总结出标准话术做参考。

练　习

❶ 问答

（1）做好维修接待能给4S店带来哪些好处？

（2）服务顾问的规范形象应该是怎样的？

（3）在接待中身体语言的运用有什么重要性？

（4）什么是5S？在接待环节做好5S会带来什么好处？

❷ 话术练习

（1）王小姐三天前电话预约了今天10点进店首次维护，但是约定时间到了王小姐仍然未能到达，请打电话给王小姐了解未按时到店的原因。

（2）客户刘先生的车先后三次因为同一问题入厂维修，这次又因为同一问题发生了故障，刘先生气愤地来到4S店，服务顾问应该如何接待刘先生？

❸ 综合题

（1）请制作一个服务顾问仪容仪表检查表。

（2）模拟开一次售后服务顾问早会。

(3)请对如下案例进行分析,找出其中服务不到位的地方,并写出正确的做法。

孙先生三个月前购买了一辆新车,他认为现在应该进行第一次维护了,另外下雨的时候刮水器也有噪声,因此,他给买车的4S店打电话进行预约。

"下午好,＊＊4S店,请问有什么需要帮忙的吗?"

"我想预约一下,我的车需要维护。"

"请稍等一下,我帮您转接。"

孙先生听着录音音乐以及关于新车即将上市的信息,大约过了一分钟,有人接起了电话。

"售后服务部。请问有什么需要帮助吗?"

"大约三个月前我买了一辆新车。我想该进行第一次维护了。"

"请问您贵姓?"

"孙。"

"您的车型是什么?"

"××××××。"

"车辆识别代码是什么?"

"我不大清楚。"

"行驶里程多少?"

"大约5000km。"

"您是应该过来检修一下了。您想什么时候过来?"

"明天可以吗?"

"我看看,稍等一下,我的电脑运行很慢。明天恐怕不行,下周二可以吗? 那时我们就不会像现在这么忙了。"

"如果最早也只能是下周二的话,就这么定了吧。"

"好的。我给您定在5000km维修范围内。下周二见。"

"请等一下,我的刮水器也有问题,总是发出一种奇怪的声音。你能把这个信息也记下来吗?"

"当然可以,还有其他问题吗?"

"预约时间具体是什么时候?"

"上午八点半把车开过来吧。"

"维修需要多长时间?"

"不会太长,如果我们不忙的话,一个多小时就差不多。"

"好的,谢谢,再见。"

周二早上八点半,孙先生驾着车来到4S店,但他不知道应该从哪个地方把车开进去。他来到4S店,从主入口处把车开了进去。到了停车场,他发现维修通道在距离他的左边50m处。他小心翼翼地从展出的两排新车中间开过去,来到了维修通道。

尽管这时才刚刚早上八点半,他的前面好像已经停了好多车了。客户们站在自己的车旁,穿着工作服的工作人员急匆匆地拿着纸、钥匙、电话和笔记板东奔西跑。孙先生决定在车里等着别人来叫他。

大约5min后,孙先生决定出来站着,以便引起他人的注意。几分钟内有一个人走了过来,孙先生说:"我已经预约……"这时这个工作人员打断他的话,说到:"我只是过来检查一下你的车,服务顾问一会儿就过来。"

那个人开始拿着笔记板围着车转,检查了里程表和车辆号牌,然后把信息记在一张纸上。

"请问您贵姓?"

"免贵姓孙。"

"您来进行什么服务?"

"第一次维护。"

"好的,您的服务顾问很快就到。"他把检查单从笔记板里拿出来压在了风窗刮水器下面。

孙先生靠着他的车耐心地等着,终于有一位服务顾问走了过来。

"早上好,先生,有什么可以帮你的吗?"他从风窗玻璃处拿起检查单开始看。孙先生回答道:"我的车已经买了三个月了。我来是想进行第一次的维护。"

"好的,我们会处理好的,请跟我来,我们一起登记一下信息。"

孙先生和服务顾问来到一张桌边,服务顾问将一些信息输进了电脑。

"还有其他需要帮忙的吗?"

孙先生想了一会儿,"我差点儿忘了,我启动刮水器的时候发出的声音很吵,您能给我检查一下吗?"

"当然,我们过去看看,稍等一下,我去拿维修单。"

几分钟后,他拿来一张表格,上面有四部分内容。

"请在这里签名,还有这里、这里……"

"需要多久才能维修好?"

"今天上午我们有些忙,所以可能需要一个半小时,您可以在我们的休息室等,那里有茶和点心。"

孙先生本没有打算在这里待这么长时间,但他也没有办法,只能等了。

"好吧,我等,需要花多少钱?"

"除了零部件以外,第一次常规维护都是免费的,花不了多少钱。和刮水器相关的东西都在保修范围之内。您可以先进去休息一下,维修完我叫您。"

单元三
故障诊断服务

学习目标

1. 能够解释维护项目；
2. 能够完成对车辆的目视检查，以便对客户所要修理的项目内容提出建议；
3. 学会了解客户的维修需求，准确记录故障详情，并与客户进行确认；
4. 送客户离店延后取车或者引导客户休息等候维修完成。

客户王先生按照预约时间到达经销商处，此次预约维护的内容为30000km维护，由服务顾问小李根据客户的需求完成接待工作。

客户抵达4S店，服务顾问接待客户后，接下来就进入了故障检查与诊断环节。在这个环节中，客户希望服务顾问听了自己的故障描述后，能正确判断出故障原因，准确的做出估价，并且通过有效的询问技巧、专业的检查来找出车辆的隐藏故障，为客户提供合理的维修建议，保证客户车辆的安全性，提升客户对车辆性能和品牌服务的满意度。因此，提供专业、快速、准确的故障诊断服务，将会使客户感觉到服务顾问专业、优质的服务，从而增强客户的信任感，提升客户的满意度和忠诚度(图3-1)。

图 3-1　客户对故障诊断的期望

任务一　环车检查

【情景1】　五一前夕,张先生为了五一放假期间自驾出游的安全,特地提前去4S店进行车辆的维护。按照预约时间,服务顾问小李接待了王先生,然后在接车区对车辆进行了维修内容的登记、环车检查、故障的初步检查与诊断,记录为:30000km常规维护和更换制动摩擦片。

【情景2】　在车辆检查与诊断时,客户张先生反映:在行驶过程中,每当加速时,车辆就会抖动。作为服务顾问,在听到客户这么说的时候,应该怎样回应客户?

与客户接触的过程中,诊断环节是展现服务顾问专业形象和建立客户信心的最佳时机。只有服务顾问认真、正确地执行问诊和诊断工作,才能保证车间的维修质量和维修效率。

任务描述

周四上午,王先生驾驶着自己的混动版轿车,来到了××4S店,王先生的车辆于一年半前购买。

服务顾问小李和技术顾问小张一起迎接客户并询问来意,得知客户是来做定期维护的,按照公司的标准服务流程,相互配合正确规范地完成接车的全过程,并解答客户异议。

备注:系统通电,检查仪表盘是否显示"READY",表示车辆动力系统准备就绪,可以驾驶。

学习准备

❶ 仪表仪容准备

作为服务顾问和技术顾问,在环车检查阶段要注意哪些仪表仪容的细节?

_____

_____

_____

❷ 接待准备

(1)作为服务顾问,在环车检查前要做好哪些接待准备?

_____

_____

_____

(2)客户对故障诊断过程有什么期待?

_____

_____

_____

❸ 话术准备

环车检查前,服务顾问和技术顾问如何做自我介绍? 在检查过程中应该怎样拉近跟客户的距离?

_____

_____

_____

❹ 工具、表单准备

电话、名片、接车单(预检单)、接车工单夹板、笔、安全防护三件套、座椅提示标贴、礼仪手套、绝缘手套、纸巾或者干净抹布。

_____

_____

_____

_____

三 实训流程

车辆维修前准备流程如图 3-2 所示。

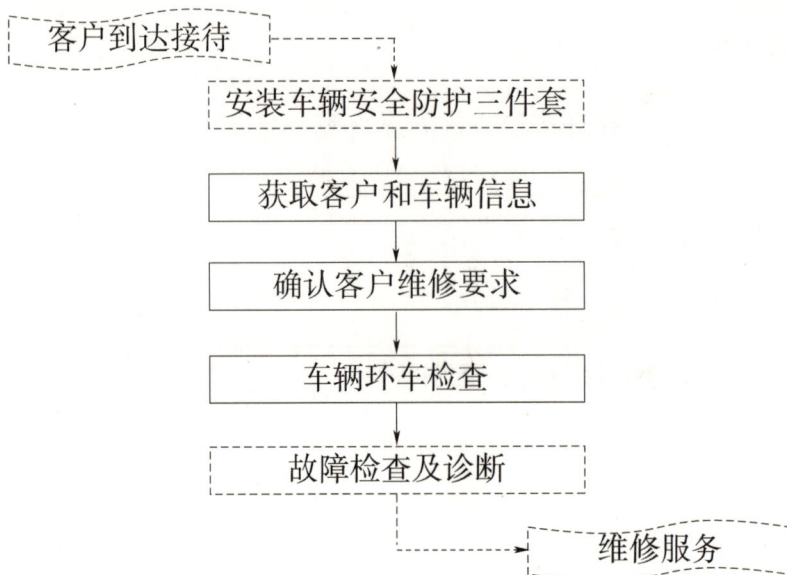

图 3-2　车辆维修前准备流程图

四 实训步骤

❶ 问诊

在为客户的车辆安装了安全防护三件套之后,需要通过问诊获取客户和车辆信息,了解客户的维修要求(图 3-3)。在问诊过程中,通过客户描述和服务顾问的提问来了解客户的需求,另外,问诊过程也是一个很好的跟客户交流感情、拉近距离的过程,服务顾问必须要利用好这个过程。

在问诊过程中需要注意以下几点:

(1)仔细聆听客户对故障问题的具体描述,尽可能不要打断客户的谈话;

(2)用"5W2H"问诊法询问客户故障具体情况,获取信息;

图3-3　问诊

(3)复述,将听到的信息,自己理解之后复述给客户。

在问诊的过程中,将获取的信息填写在预检单上。(表3-1)

预 检 单　　　　　　表3-1

报修人:	联系电话:	报修日期:
车辆号牌:	行驶里程:	VIN 号:
客户需求描述		
外观/内饰/附件检查		

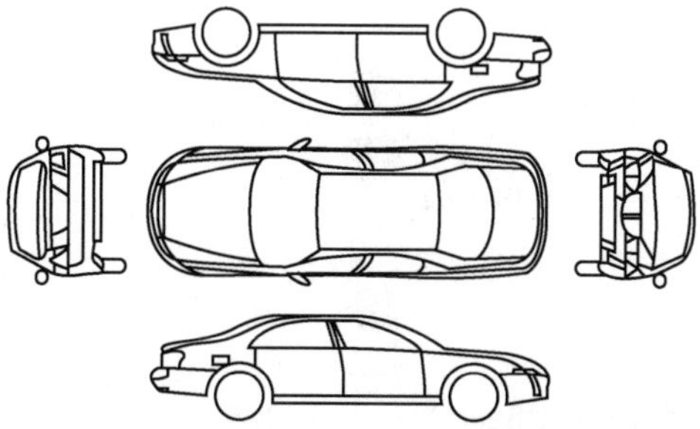

灯光 □	机油 □	空调 □
刮水器 □	冷却液 □	音响 □
玻璃 □	制动液 □	天窗 □
轮胎 □	转向液 □	电动窗 □
备胎 □	玻璃清洗液 □	电动后视镜 □
蓄电池 □	随车工具包 □	仪表指示灯 □
□	□	□
□	□	□
□	□	□
好:√	有故障,需维修:○	

燃油存量检查

▲划痕●油漆　0　1/2　1

续上表

维修项目费用/时间预估			
维修 项目		预估 费用	
预估合计金额		预计交车时间	
建议维修项目			
温馨提醒			
①现金及贵重物品请随身携带,本店不负责保管; ②此单所含维修费用、时间预估不作为结算依据,最终结算以《结算单》为准; ③检查出故障,在本店维修检测检查含在保修费内,如不在本店维修,请支付检查费_____元			
			客户联
客户签名:		服务顾问签名:	

小 知 识

什么是"5W2H"问诊法?

"5W2H"问诊法又叫"七何问诊法",它简单方便,易于理解使用,被广泛应用于技术活动中。

5W:

WHO——谁开车?即故障发生时是谁在驾驶车辆;

WHEN——什么时间?即故障发生的时间,包括季节、时间早晚等;

WHY——为什么会发生?即故障发生的原因咨询,例如问题发生前车辆有没有发生过其他故障或做过维修、改装或事故等;

WHERE——在什么地方发生?即故障发生的地点,如国道、高速公路、城市道路等;

WHAT——发生了什么事?即故障发生时的详细情况,例如哪个系统发生了什么故障,当时发动机、变速器、仪表指示灯、灯光、空调及其他功能等的状态;

小 知 识

2H：

HOW——怎么发生的？即客户是否有简单的感觉判断,发生时有没有其他伴随现象,如下雨、特殊路面、特殊地区等；

HOW MUCH——发生的频率,即到目前为止共发生了多少次。

问 诊 话 术	要 点 提 示
小李:王先生,我已经为您爱车的维护做好了充分的准备,接下来我想邀请您做一个环车检查,大概占用 10 ~ 15 分钟的时间。需要您提供车钥匙、维护手册以及行驶证,您看可以吗？	(1)引导动作及问候话术规范。
王先生:都在这,给你。	(2)区分作业类别。
小李:王先生,最近车子使用状况怎么样？	
王先生:还不错。上个周末去郊游,路况很差,经过的路面还有多处积水。	
小李:哦,这样啊。王先生,那这次做常规的维护外,我们会对您的爱车着重检查底盘及新能源部分,以便排除相关隐患。为了避免您车子出现跑偏现象,我推荐您可以做一个"四轮定位",您看需要么？	(3)车辆按作业类别停入接待工位。
王先生:暂时不需要。	(4)主动出迎、热情问候。
小李:好的,王先生,您的爱车还有其他问题么？	
王先生:目前没有。	
小李:好的,王先生,贵重物品请您随身携带。为了防止在维修的过程中把您的车子弄脏,我需要给您的爱车铺上防护用品,可以吗？	

王先生:可以。 小李:请稍等,贴座椅标贴、铺脚垫、套座椅套、转向盘套(唱报)。 小张:王先生,您这边请,接下来我带您到副驾驶进行车内检查。您请上车,请当心。 王先生:好的。	

❷ 环车检查

在明确客户的主要维修维护项目之后,首先要对车辆进行环车检查(图3-4),记录车辆的损伤情况,记录所有已经遗失或损坏的部件,发现额外需要完成的工作(客户没有发现的问题),提醒客户存放/带走遗留在车内的贵重物品。

注 意

在环车检查中应唱报检查部位及是否正常,如果发现车辆损伤,应该立即向客户指出损伤部位,并估算修补费用。

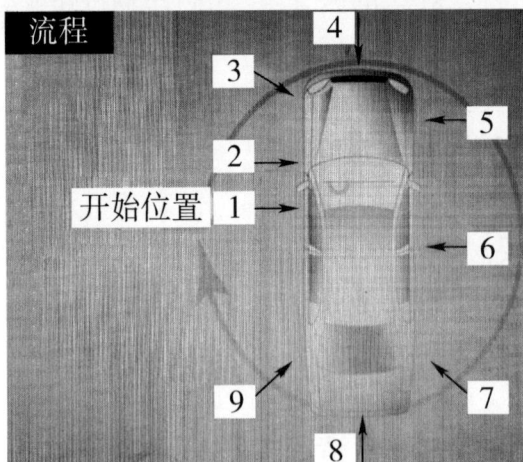

图3-4　环车检查顺序

(1)位置1:车内检查

请客户提供保修手册,在得到客户允许后先将座椅套、脚垫、转向盘套等物品放置在车内相应位置,然后进入驾驶室内进行检查。

①检查杂物箱(注意:杂物箱是客户的私密空间,在打开之前一定要先征求客户的同意);

②核实里程数,记录燃油量;

③启动发动机,查看故障灯;

④检查仪表板和电气元件的工作状况;

⑤检查制动踏板及驻车制动工作状况;

⑥检查转向盘工作状况;

⑦检查前、后排座椅、仪表台等处是否有客户遗留的贵重物品;

⑧检查风窗玻璃的损伤情况;

⑨在从车里出来之前,释放发动机舱盖拉锁和所有门锁。

话　　术	问　　题
小李:接下来我们一起进行车内检查,请稍等。王先生,方便启动您的爱车吗? 王先生:方便。	(1)服务顾问在打开车门后,如何适当的赞美客户?
小李:您请看,仪表盘显示"RE-DEY",无故障灯点亮,行驶里程29800km,续航里程310km,燃油量剩余1/4,电量剩余1/3,您请确认一下。 小李:本次为您安排30000km的维护。接下来我们检查车内功能的使用情况,检查空调制冷采暖、车窗升降,正常;检查遮阳板、车内后视镜,正常。	(2)预检单上如何填写相关检查结果?
小李:王先生,方便检查储物箱、手扶箱以及眼镜盒吗? 小李:检查储物箱、手扶箱、眼镜盒,无贵重物品遗留。 小李:王先生,为了方便检查,我将打开您爱车的发动机舱盖,您看可以吗? 王先生:可以。	(3)确认车内时,若发现仍然有遗留的物品,服务顾问该怎么处理?

话　术	
小李:(打开发动机舱盖)接下来请您下车随小张一起检查车辆的灯光情况,您看可以吗?(配合开灯)	
小张:王先生,您请下车,请当心。这边请,稍后的灯光检查会有点刺眼,您请当心。	
小张:检查近光灯,正常;检查远光灯,您请看,您爱车的左前照灯是不亮的,您这边请。	
王先生:那导致左前远光灯不亮的原因有哪些呢?	
小张:可能是保险丝熔断了,或者左前远光灯坏了,或者线路有断路等情况。具体原因等我们的维修技师检查过后再通知您,可以吗?	
王先生:可以。	

　(2)位置2:车辆左前门附近。

　①检查左前门锁止及外观状况;

　②记录左前门、后视镜有无损伤;

　③检查风窗玻璃的损伤情况;

　④核实车架号;

　⑤检查左侧刮水器片是否硬化或有裂纹;

　⑥检查左前安全带是否正常回位、内饰板有无污损,有无贵重物品遗漏。

话　　术	问　　题
小李:王先生,接下来我们从这边开始为您的爱车进行车外检查。检查车顶、车窗、车身漆面、车辆底部,一切正常。	如果车身较脏,影响确认车辆外观,应该怎样处理?
小李:打开车门,检查座椅、安全带、	

续上表

话　　术	问　　题
内饰板,没有问题,无贵重物品遗留。 　小李:检查刮水器,车外后视镜,正常。这边请。 　王先生:好的。	

（3）位置3:车辆左前侧翼子板附近。

①检查左前翼子板、发动机舱盖、后视镜有无损伤;

②检查风窗玻璃的损伤情况;

③检查左前轮胎是否有不均匀磨损、裂纹;

④检查左前轮毂是否有损伤,轮毂盖是否遗失。

话　　术	问　　题
小李:检查翼子板、轮胎、轮辋、轮胎螺栓、正常,气嘴帽无缺失。 　小李:王先生,您这边请。	如果检查中发现客户轮胎有异常磨损情况,应该怎样处理?

（4）位置4:车辆正前方。

①检查前照灯、前雾灯、前保险杠、发动机舱盖、进气格栅及车标;

②确认号牌;

③发动机舱内的部件(如:风扇皮带是否老化,所有油液的存量和质量,是否有机油或水泄漏,橡胶软管是否老化,电线是否有磨损、脱落,电池液高度等);

④需要进行路试或故障诊断,可请技术顾问或维修技师共同来完成。

话　　术	问　　题
小李:检查车顶,前风窗玻璃、发动机舱盖漆面、左右前照灯、中网及前保险杠,正常。 　小李:王先生,接下来发动机舱内的检查就交给小张。 　小张:打开发动机舱盖,请当心。王先生,您请看,检查刮水器、冷却液、制动液,液位正常;检查发动机表面线束,	什么是"五油三水"?

无破损、松动现象。接下来查看机油的使用情况。王先生,您看机油已经发黑了,在本次维护中我们会为您换上新的机油,新机油是清澈无杂质的。接下来我们检查高压部件,先佩戴绝缘手套。检查绝缘手套最大使用电压,交流电压1000V。检查气密性,气密性良好,可以佩戴。检查发动机表面高压线束及接头,无老化、破损、松动等现象,其他高压部件正常。发动机舱的检查到这里就结束了,请问您爱车在使用过程中有遇到什么问题吗? 王先生:没有了。 小李:王先生,您这边请。	

(5)位置5:车辆右前方。

①检查右前翼子板、发动机盖、后视镜有无损伤;

②检查风窗玻璃的损伤情况;

③检查右前轮胎是否有不均匀磨损、裂纹;

④检查右前轮毂是否有损伤,轮毂盖是否遗失。

话　术	提　示
小李:检查车辆右前翼子板、轮胎、轮辋、轮胎螺栓,正常,气嘴帽无缺失。王先生,这里有点轻微刮伤,不过没关系,在维修过程中,我会让我们的维修师傅免费为您做一些简单处理的。 王先生:好的,谢谢。	注意不要让客户认为服务顾问在挑毛病或急着撇清责任,服务顾问应该要展现出专业的态度,让客户感觉到服务顾问是在协助他检查车辆,完善本次的维修。

(6)位置6:车辆右侧车门。

①检查右侧车身的损伤情况;

②检查右侧前后门的开关锁止状况;

③检查右侧前后门内饰板、地毯、座椅等是否损坏;

④检查是否有贵重物品遗忘在车后座或地板上。

话　　术
小李:检查车顶、车窗、车身漆面,车辆底部,正常。 小李:打开车门,检查安全带、座椅、后中央扶手,后座椅背带、内饰板,正常;无贵重物品遗留。

(7)位置7:车辆右后侧。

①检查右后轮胎是否有不均匀磨损、裂纹;

②检查右后轮毂是否有损伤,轮毂盖是否遗失;

③检查后风窗玻璃的损伤情况。

话　　术
小李:王先生,这边请,请留步。 小李:检查右后翼子板、轮胎、轮辋、轮胎螺栓,正常;气嘴帽无丢失。 小张:检查充电口,正常。

(8)位置8:车辆正后方。

①检查行李舱盖、后保险杠是否有损伤;

②确认号牌;

③检查尾灯外观;

④检查后风窗玻璃的损伤情况;

⑤邀请客户一起确认行李舱内的贵重物品、备胎及随车工具。

话　　术	提　　示
小李:您这边请。检查车辆正后方,后风窗玻璃、行李舱盖漆面、左右尾灯及后保险杠,正常。接下来行李舱内的检查就交给小张。 小张:王先生,方便打开行李舱盖进行检查吗? 王先生:可以。 小张:打开行李舱盖请当心。检查辅助蓄电池,正常;检查高压电池冷却系统冷却液,液位正常;检查随车工具、三角警示架、灭火器、随车充电线、补胎	(1)拉开行李舱盖前应先征询客户同意; (2)贵重物品务必要客户签字确认。

工具,都正常,您请放心。	
小李:这边请。	

　(9)位置9:车辆左后侧。

　①检查左侧的车身和油漆损伤;

　②检查左后门内饰板是否损坏;

　③检查后风窗玻璃的损伤情况;

　④检查左后轮胎是否有不均匀磨损、裂纹;

　⑤检查左后轮毂是否有损伤,轮毂盖是否遗失;

　⑥检查车顶。

话　　术	提　　示
小李:检查左后翼子板、轮胎、轮辋、轮胎螺栓、气嘴帽,正常。检查燃油加注口,正常。检查车顶、车窗、车身漆面、车辆底部,正常。打开车门,检查座椅、安全带、后座椅背带,内饰板,正常,无贵重物品遗留。	(1)如需启动车辆必须得到客户同意。
小李:王先生,本次的环车检查,到这里就结束了。在本次的环车检查过程中,没有发现什么问题,车况一切良好,您请放心。如果没有问题,请在工单上确认签字。	(2)若音响在开启状态应当面得到客户认可后再将音响关闭。
小李:请问您在维护过后有什么用车打算吗?	(3)向客户复述总结时,应与客户站立同方向,以手指着接车单。
王先生:哦,就打算带孩子在省内走走。	
小李:王先生真是个好爸爸!那我建议您不妨添置一个行车记录仪,不但可以预防"碰瓷"等不好的现象发生,而且可以沿途记录美丽的风光,日后也会成为一份美好的记忆。我们这个月有活动,大品牌,只要199元,您看需要吗?	

续上表

王先生:好吧,那我买一个。 小李:接下来我带您去工作台制订维修委托单(见表3-2),小张麻烦你锁车。 小张:好的。	

维 修 委 托 书　　　　　　　表 3-2

维修单位		车辆进店时间	年　月 日　时	服务顾问	
客户信息	□车主　□送修人		地址	联系电话	
车辆信息	车辆号牌	车　型	VIN 码	发动机号	里程数

作业信息	维修开始时间	预计交车时间	付款方式		非索赔旧件是否带走
	年　月 日　时	年　月 日　时	□现金　□信用卡 □其他		是□　否□

互动检查	是否有贵重物品		油箱油量	□空　　□<1/4	
	是□　否□			□半箱　□<3/4　□满箱	

外出救援: 是□　否□　　救援里程(往返): (km)　　救援到达时间:

车身状况漆面检查,损伤部位下图标注

	检查结果	
	车身检查	
	车内检查	
	发动机舱	
	底盘检查	

客户须知	客户故障描述
1.客户所提供的信息应真实有效。 2.完工时间以通知客户接车时间为准。 3.客户应在接到通知2h内接车。 4.客户违反"客户须知"产生的风险和损失客户本人自愿承担	

客户确认:本人已阅知并理解上述内容。　　　　　　　客户签字:

	维修项目	配件	是否索赔	材料费	工时费	小计	维修人	检查人
维修项目			是　否					
			是　否					
			是　否					
	预估费用:		费用小计					

客户确认以上维修项目及费用:

	维修项目	配件	是否索赔	材料费	工时费	小计	维修人	检查人
新增维修项目			是　否					
			是　否					
	预估新增维修时间:		费用小计					
	预估新增维修费用:							

客户确认以上维修项目及费用:

索赔费用		自费费用		维修总费用		交通补偿费用(元):	

续上表

质检员签字 （盖章）：	通知 客户 接车 方式	现场　短信 电话	通知 客户 接车 时间	年　　月 日　　时	实际 交车 时间	年　　月 日　　时
客户 评价	□满意 □不满意	不满意原因：□服务接待　□服务环境　□维修质量 　　　　　　□维修时间　□配件保供　□维修收费 　　　　　　□产品质量				

本人确认以上内容与本人委托需求一致并已提车。　　　　　客户签字：

任务二　故障检查与诊断

【情景】　在车辆检查与诊断时,客户赵女士向服务顾问小李描述:在行驶过程中,换挡时偶尔会出现车辆抖动的现象,还会伴随着异响,甚至还出现过掉挡现象。

服务顾问在接待客户、对车辆进行环车检查过程中,如果客户有描述故障,服务顾问需要用心倾听、细心询问、进而复述确认故障情况。在听了客户的故障描述后,服务顾问要能正确判断出故障发生的可能原因,并且通过专业的检查来找出车辆的隐藏故障,为客户提供合理的维修建议,从而以专业性赢得客户的信赖,并通过专业的检测为客户提供合理化建议,为企业创造利润。

服务顾问对车辆的诊断应做到"三现",即"现场",必须亲自到车辆故障的部位旁;"现物",必需确认故障的部位或部件;"现实",必需确认故障的实际状况如断裂、磨损、生锈、氧化、接触不良等。

若暂时无法判断出故障原因,应向客户说明将采取的维修方案,同时请车间诊断技师给予维修诊断技术支持。

一　任务描述

服务顾问小李在接待工位对客户王先生的车辆进行环车检查时,王先生抱怨车辆左前轮有点颠簸。服务顾问无法在问诊时确诊问题,最终在诊断工位上经过拆检(图3-5)判断是左前减振器异常造成的。

图 3-5　故障诊断

学习准备

❶ 知识准备

作为服务顾问,在故障检查与诊断阶段要了解哪些知识?

_____

_____

_____

❷ 接待准备

作为服务顾问,在故障检查与诊断中如果遇到解决不了的故障怎么办?

_____

_____

_____

❸ 话术准备

故障检查与诊断时,服务顾问如何运用相关技巧进行有效询问? 过程中要注意语言语调上的哪些细节?

_____

_____

_____

4 工具、表单准备

接车单(预检单),接车工单夹板,诊断工位需配置举升机、手电筒、工具箱等。

二 实训步骤

1 接待客户

(1)问候客户;

(2)确认客户姓名和来店目的;

(3)把工作转交给诊断技师。

话　术	提　示
小李:王先生,您的车子维护的很不错。 王先生:还可以,我一直在你们这里做维护。 小李:车子还有其他异常情况吗? 王先生:有的,左前轮有点颠簸,等一下帮我检查一下是什么原因造成的。 小李:好的,王先生,您的车子需要做一个 30000km 的维护;左前照灯不亮,车辆左前轮颠簸需要检查,还有什么需要补充的吗? 王先生:没有了。 小李:好的,如有必要,我会请我们的维修技师给您提供专业的技术指导。 王先生:谢谢。	(1)仔细聆听客户对故障现象的描述。 (2)重复、归纳客户的陈述内容。

2 客户需求确认和诊断调查表

对随到客户,通过交谈和检查确认客户需求,并了解客户对其他附加项目的要求。

(1)获得并输入客户信息;

(2)获得并输入车辆信息;

(3)确认维修履历;

(4)检查最近的技术信息;

(5)检查未实施的召回/市场处置;

(6)准备需要的文件。

注意

(1)若在环车检查过程中不能完成诊断工作,则服务顾问可将车辆驶入诊断工位,请客户一起到诊断工位会诊。服务顾问或维修技师利用简单的工具或举升机,对故障的部位做进一步的诊断。

(2)客户到来之后,告诉你车辆有故障,这时候,要确认故障症状,就必须运用有效的询问技巧,这样才能够把故障情况准确地记录在委托书上,才不会误导维修技工的判断。

(3)当客户叙述故障症状的时候,往往会从以下角度进行:听到什么噪声/闻到什么气味/看到了什么/驾驶的感受/发动机性能等,接待人员就可以利用上述五种故障症状向客户提出开放式问题或封闭式问题,帮助他把故障症状描述清楚。

话 术	提 示
小李:王先生,左前轮是什么时候开始感觉到颠簸的?之前有没有什么异常发生? 王先生:已经一周多时间了,之前没有留意。 小李:好的。那么这种颠簸发生在什么速度下呢?在平整路面上感觉得到吗?	(1)无法在接待工位判断的故障,需将车辆驶进诊断工位检查。 (2)向客户说明进一步的处理方案。

续上表

王先生:速度越高越明显,在平整路面上也有一点。 小李:好的,王先生,现在暂时无法判断出颠簸的真正原因,等车辆进入车间请我们的维修技师专业检查以后,我再向您说明颠簸的原因,经过您的同意再进行维修,您看可以吗? 王先生:可以。 小李:接下来我带您去工作台制订委托单。	

❸ 解释诊断细节

(1)解释诊断细节。
(2)解释诊断所需时间、估算完成时间;
(3)了解和确认接待过程中收集的信息;
(4)记录解释结果和员工姓名;
(5)拿取车钥匙。

❹ 诊断

(1)把车辆移至相应的工位(图 3-6)。
(2)记录车辆最开始时的状况;
(3)记录工作开始时间;
(4)对实车进行诊断(图 3-7)。

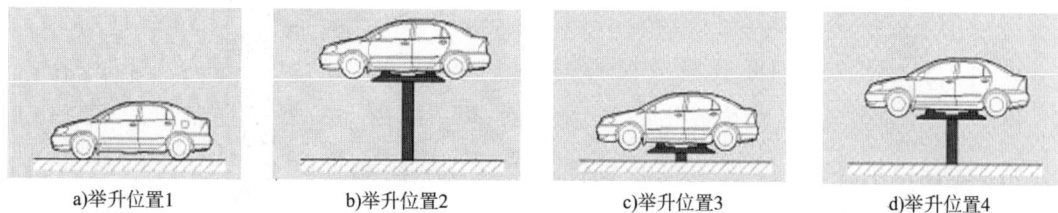

a)举升位置1　　　b)举升位置2　　　c)举升位置3　　　d)举升位置4

图 3-6　车辆故障诊断举升位置

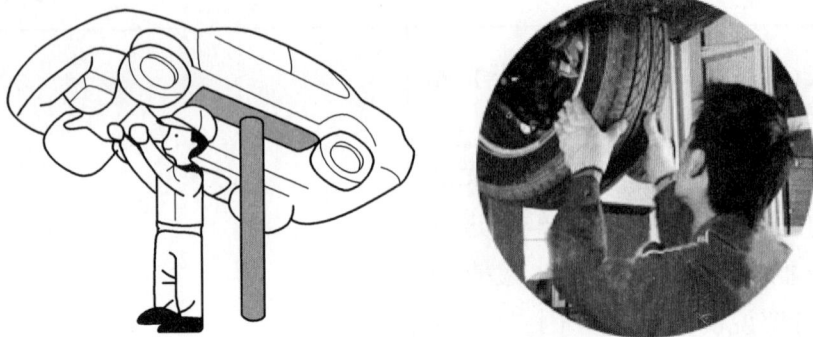

图 3-7　车辆故障诊断

(5)确认是否保修,若是,需向客户解释要做哪些工作。

①政策:服务顾问必须向客户准确解释保修范围。

②保修处理:服务顾问应该知道如何处理保修要求。

③诊断:必须由诊断技师或保修专员来完成。

④保修处理流程:

检查行驶时间和里程读数是否在保修范围内→确认存在的问题,有需要应请诊断技师或保修专员给予支持→如果车辆不在保修范围内,可与服务经理一同查看后确定是否适合使用商誉服务→向客户解释将要做什么工作和是否在保修范围内,然后取得客户同意→在工单上标注"保修"以提醒技师此次维修是保修作业→写下工作描述并向客户说明免费。

⑤把车辆恢复到原始状况。

⑥进行 5S 工作。

⑦记录诊断结果和维修技师姓名。

注　意

(1)对于快修服务和较易判断故障原因的一般性维修,应安排在快修专用工位,对较难判断故障原因的、维修时间较长的维修车辆、行驶和使用感觉不理想或由于前次维修处理不当需返修而产生抱怨的安排在预检专用工位,由服务顾问(或邀维修技师一起)对车辆底盘部分进行检查,检查结果记录在《预检单》上,以便向客户解释;如有必要,安排路试。

(2)维修技师对客户报修故障进行判断,将"故障原因分析"和"故障处理方法"详细告诉服务顾问,由服务顾问用规范词语记录在《预检单》上。

(3)维修技师如无法判断故障,则请技术专家协助;技术专家独立诊断仍无法判断,则申请技术援助。

(4)在车辆故障判断所需时间较长时(控制在15~20分钟内),服务顾问应与维修技师或技术专家交流后,向客户及时说明相关情况,希望客户耐心等候。

话　术

小李:王先生,经过检查,发现您车辆左前照灯接头松动,已经帮您重新接好了;左前减震器工作不良,需要更换,否则会影响到您车辆的舒适性。更换总共费用是1000元。这一次您需要更换么?

王先生:换吧。

小李:好的,请您在这份委托单上签字。

王先生:好。

实训指导

实训项目1　环车检查过程

1 实训准备

1)环车检查的目的是什么?

_____

_____

_____

2)环车检查的内容有哪些?

_____

_____

_____

❷ 实训过程

1)情景说明

客户张先生的车辆为预约维修车辆,车辆号牌是粤 A ×××××,现在停在预约工位上,需要对车辆进行环车检查。

2)演练内容

唱报环车检查的内容,并记录在工单上。

3)参与人员

客户、服务顾问、服务顾问助理、技术顾问等。

4)道具

车辆若干台、预约指示牌、环车检查记录单。

5)实训要点

(1)分组:每组6~10人。

(2)角色分配:每组由3人扮演服务顾问、服务顾问助理和客户,其他人做评委。

(3)设定车辆状态。

(4)迎接客户,邀请客户一起进行环车检查。

(5)点评:学生评委点评,教师讲评,并总结出标准话术做参考。

实训项目 2 故障检查与诊断

❶ 实训准备

1)故障检查过程中怎样对客户进行提问?

_____

_____

_____

2)故障诊断过程中跟客户沟通应该避免哪些用词?

_____

_____

_____

2 实训过程

1)情景说明

客户张先生的车辆为预约维修车辆,车辆号牌是粤 A ×××××,现在停在预约工位上,已经完成了环车检查,即将进行故障诊断和维修项目确认。

2)演练内容

对客户张先生的车辆进行故障诊断,并说明哪些是必须维修的项目,哪些是需要注意的项目。

3)参与人员

客户、服务顾问、技术顾问。

4)道具

车辆若干、预约指示牌、维修工单。

5)实训要点

(1)分组:每组 6～10 人。

(2)角色分配:每组由三人扮演服务顾问、技术顾问和客户,其他人做评委。

(3)设定车辆故障。

(4)故障诊断:与客户一起进行故障诊断、确定维修项目,并区分哪些是本次必须维修的项目、哪些是可以等到下次再进行维修的项目。在诊断过程中要注意态度热诚、礼貌,仔细倾听客户的要求,不随意打断客户讲话,复述故障时应忠于客户的原意,能解释常见故障和保修政策。

(5)点评:学生评委点评,教师讲评,并总结出标准话术做参考。

练 习

1 问答

1)环车检查需要检查车辆的那些部位?

2)车辆的首次维护一般包含哪些项目?

3)可以通过哪些方法确认车辆故障?

2 话术练习

1)在环车检查时,发现车身有多处划痕,应该怎样跟客户描述?

2) 在故障诊断时,遇到一时无法找到原因的故障,应该怎样跟客户解释?

3) 客户描述自己的车辆出现转向异响现象,怎样应用"5W2H"法对客户进行问诊?

4) 在诊断过程中,发现可换可不换配件的项目,应该怎样处理?

❸ 综合题

作为实习服务顾问,对车辆的简单故障无法确定原因,你准备怎样跟客户解释?

单元四
维修项目解释及派工

学习目标

1. 能与客户沟通,确认维修项目;
2. 能够对维修项目进行解释;
3. 掌握与客户沟通,完成追加维修项目的话术。

对4S店而言,主要的服务对象可分为公务车与私家车。一般而言,公务车对服务时间方面的要求相对宽松,对于维修价格的敏感度较低,因此即使维修服务的时间较长,维修项目多,价格偏高,多数客户仍然能够给予理解。但是,多数私家车客户由于没有替换车辆而且全部费用要自掏腰包,所以对服务时间的预估短,质量要求较高,对于维修价格敏感度较高,甚至会"斤斤计较",因此,在维修项目解释、等候时间和价格预估等方面都会要求比较高。任何一个服务环节出现问题,都有可能引起客户的抱怨与投诉。

在派工方面,目前多数4S店仍采用兼职与简单发派为主的操作方法。兼职是指由其他人员兼任派工;简单发派是指派工人员在调度派工时,仅进行简单地按序分配。这两种相对传统的人力使用方式与工作分配模式,显然已经不能适应现代社会的生活节奏与客户的服务需求。由于企业对维修进程的管理失控,而引发客户抱怨的事件屡有发生,这似乎已经成为影响企业运营效率与客户满意度的一个主要因素。所以,企业经营者应该对调度派工环节进行调整与改善,逐步采用优先权的派工方式,即对部分客户(如预约客户)车辆优先派工,以减少在场等候客户给业务接待部门带来的工作压力与干扰。另外,在业务繁忙时段,对交车时间尚有宽余度的车辆实施临时停工,以便及时抽调人力来提高关键时段的车辆竣工效率,提高企业的运营效率与客户满意度。

对于服务顾问而言,熟悉维修工作的业务流程,了解常见故障的诊断方法以及各个环节的控制方法与质量标准,就变得尤为重要。只有这样才能利用自己的专业知识为客户做出通俗易懂的说明,以得到客户的理解与尊重,提高客户的满意度(图4-1)。

> 希望服务顾问尽可能准确地预估费用和等候时间,迅速派工,并用我听得懂的语言解释我需要维修的项目。

图4-1 客户对于维修解释和派工环节的期待

任务一 维修项目解释

多数客户对车辆的维修工艺、作业难度与时间要求等不了解,往往会提出比较苛刻的要求。如果不能及时将维修项目向客户进行解释说明,将给后续的服务管理带来诸多的风险与困难。细致耐心的解释,能使客户更加信任企业的专业性;使客户明白消费的物有所值,同时更加坚定的信赖企业的服务,大大提高客户满意度。

图4-2 维修项目解释

一 任务描述

周四上午,王先生驾驶自己的混动版轿车,到4S店做30000km例行维护,服务顾问小李接待了王先生,经王先生描述及服务顾问小李、技术顾问小张检查确认,车辆准备进行定期维护并更换左前减振器。请按照要求向王先生解释维修项目(图4-2)。

学习准备

服务顾问根据预检单(表3-1)上所记录的内容,准备好维修委托书(表3-2)及定期维护间隔及项目表(表4-1)。初步确定维修项目(包括服务套餐、其他项目等)、维修配件以及维修工时,并在系统上进行保存。同时将配件名称、配件费用以及工时费用简明扼要地记录在维修委托书上。为了提高服务质量,需事先从系统中查询车辆历史维修记录,进一步明确维修内容,做好相应对策。如属重复维修项目,需立即通知车间维修技师进行维修质量控制。

小 提 示

汽车维护是指根据车辆各部位不同材料所需的维护条件,采用不同性质的专用护理材料和产品,对汽车进行全新的维修护理的工艺过程。汽车维护主要包含了对发动机系统、变速器系统、空调系统、动力转向系统等的维护范围。

❶ 客户对于维修项目解释及客户安顿环节有什么期待?

_____

_____

_____

❷ 为什么要对常规维护进行规范解释?

_____

_____

_____

某车型定期维护间隔及项目表　　　　表4-1

间隔里程				序号	项目
40000km	20000km	10000km	5000km	1	更换发动机机油
				2	更换机油滤清器
				3	检查发动机润滑油油位
				4	检查发动机冷却液液面及渗漏
				5	检查制动液(离合器)
				6	检查清洗液液面
				7	检查维护蓄电池
				8	检查全车轮胎及充气压力
				9	检查助力转向油、助力转向管路和接头(必要时检修/更换)
				10	检查底盘是否渗油及磕碰(包括发动机、冷却液、变速器、转向系统、制动系统、空调系统、悬架系统、车身底部八大部分)
				11	检查燃油管路和软管(必要时检修/更换)
				12	检查制动管路、助力软管和接头(必要时检修/更换)
				13	检查全车电器
				14	检查张紧器及传动皮带(必要时更换)
				15	检查盘式制动器(必要时更换制动片)
				16	检查驻车制动器
				17	清洁空调滤芯
				18	清洁空气滤芯(必要时更换)
				19	清洁发动机舱
				20	检查汽油蒸发系统(必要时检修/更换)
				21	检查转向操作和拉杆
				22	检查自动变速器油及油面高度
				23	检查驱动桥防尘罩
				24	检查前后悬架及球头销
				25	四轮换位
				26	节气门检查及清洁
				27	电脑检测故障代码
				28	检查冷却系统(冷却液防冻能力)
				29	检查蓄电池电解液及比重
				30	紧固底盘螺栓及螺母(必要时紧固/检修)
				31	检查火花塞
				32	检查制动助力系统
				33	检查车身状态(生锈、腐蚀、穿孔)
				34	更换空调滤芯
				35	更换空气滤清器
				36	更换制动液
				37	更换汽油滤清器
				38	检查维护车门铰链

❸ 如果没有做好车辆预检工作,可能产生什么后果?

_____

_____

_____

_____

❹ 工具、表单准备

预约登记表、预检单、定期维护间隔及项目表、维修委托书、电话、安全防护三件套。

三 实训流程

车辆维修前项目解释流程如图 4-3 所示。

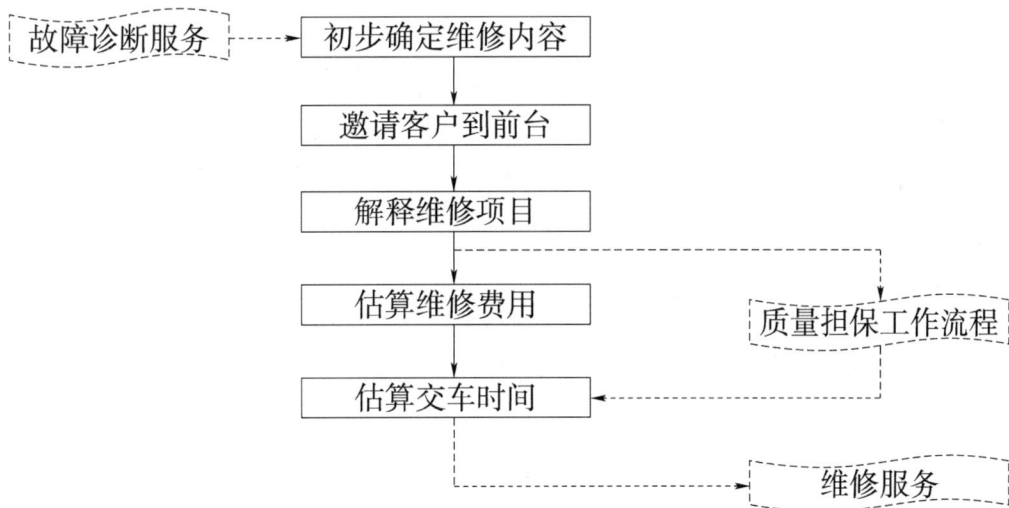

图 4-3 车辆维修前项目解释流程图

四 实训步骤

❶ 初步确定维修项目

服务顾问根据客户反映的故障现象、底盘检查结果及自身的专业技能,初步确定维修项目,并记录在预检单上。

❷ 邀请客户到接待前台

话术：_____

_____

_____

_____

小 提 示

如果该客户是非预约客户，可以在适当的时机向客户推荐预约服务。完善的预约系统能有效地将维修业务平均分配到各个营业时间段，保证工作岗位有足够的时间接待每位客户，从而使维修企业工作更加有效和顺畅，大大提高客户满意度。

❸ 解释维修项目

(1)服务顾问向客户说明所报故障生成的原因及故障处理方法。

话术：_____

_____

_____

_____

(2)解释维修客户所报故障的预估费用。

服务顾问向客户解释维修所报故障预估的配件费、工时费，经客户同意维修后请他在预检单上签名确认。

话术：_____

_____

_____

(3)检查车辆底盘。

服务顾问对需要进行底盘检查的车辆进行检查，并记录在预检单中。然后依据记录结果，向客户通报检查结果。

话术：_____

_____

（4）增加维修项目。

服务顾问将底盘检查中发现的而客户没有注意到的维修项目,告知给客户,同时建议维修。如客户同意,需做好相应记录。

话术:_____

_____

_____

_____

（5）解释维护项目。

对于需要维护的车辆,客户需先提供维护手册。服务顾问找出符合车辆的定期维护表单,详细地向客户解释将对车辆进行的维护项目。

话术:_____

_____

_____

_____

🔹 **解释初步维修所需预估费用**

服务顾问对初步维修所需费用进行估算,并将维修费用按配件费、工时费进行细化。

话术:_____

_____

_____

_____

🔹 小 提 示

对于某些维修项目如果不能立即准确地估算出维修费用,需事先提醒客户总费用需在对车辆进行详细诊断后才能得出。

🔹 **估算车辆交付时间**

服务顾问根据车辆故障、配件库存情况、工作次序、维修工作负荷、车辆维修作业时间、维修车间工位使用状况等估算交付时间。

　　如果配件缺货,则应立即通知配件部门进行紧急采购,了解到货时间,第一时间告诉客户,必要时可另预约维修时间。服务顾问应与客户进行充分沟通后协商,在尽可能满足客户要求的前提下,商定车辆维修后的交付时间。

　　话术:_____

_____

_____

　　如果仓促地确定车辆交付时间,将给后续的工作带来哪些不便?

_____

_____

_____

话　术	提　示
小李:您请坐,王先生,本店免费提供红茶、咖啡和矿泉水,请问您需要喝点什么呢? 王先生:红茶吧。 小李:王先生,您的茶,请慢用。 小李:王先生,已经为您做好了详细记录。先确认一下您的基本信息,请问您的电话、地址、邮箱等是否更改过呢? 王先生:没有。 小李:好的,您本次做的是一个30000km的常规维护,我们会对您的车辆进行12项常规检查以及8项深化检查,还会对您的行驶系统以及转向系统进行检查,为您的出行保驾护航。接下来为您预估本次维护所需的时间以及费用。您请看,本次维护需要更换	要确认在维修过程中,是否可以通过客户留的手机号码联系到客户。

机油 500 元、机滤 100 元、空调格栅 50 元、空气格栅 50 元,工时费为 200 元,维修项目需要由我们的维修技师检测过后再通知您,加装精品行车记录仪 199 元,那么本次维护的总费用为 1099 元,实际价格以结账单为准。本店还提供免费洗车服务,时间只需 30 分钟,请问您需要吗? 　　王先生:需要。 　　小李:王先生,换下来的旧件您需要带走吗? 　　王先生:不用了。 　　小李:本次维护所需时间预计在两个小时左右,现在是上午 9 点整,预计在上午的 11 点您就能过来取车了,您看您是在店等候呢还是先行离店呢? 　　王先生:在店等。 　　小李:好的,为您制订委托单。如果没有问题请您在工单上确认签字。接下来让我们的小张为您进行派工作业。这是您的取车凭证,请收好。	

6 客户休闲安排

(1)安排客户休息。

如果客户在店内等候,可以安排客户到休息室(图 4-4)休息。

(2)客户离店。

如果客户准备暂时离店,需将客户送出店外,并让客户先离开。

(3)其他安排。

如果客户不愿意去休息室休息,也可以介绍客户到销售展厅或精品区(图 4-5)自由参观,让客户有更多机会了解本店和本品牌。

图 4-4　客户休息室

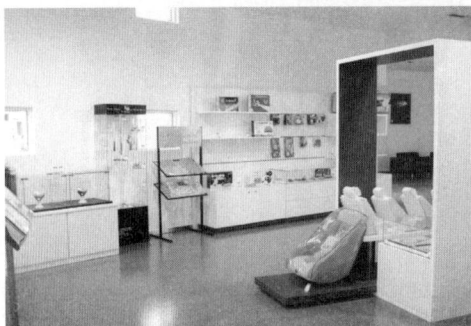

图 4-5　精品销售展区

话　　术	问　　题
小李:接下来我带您到客户休息区吧。这里提供热茶、咖啡、矿泉水请问您喜欢哪种? 王先生:热茶。 小李:您请坐,请慢用。 小李:我为您介绍一下休息区,无线网络密码贴在桌上,这边是报刊杂志区,这边是车间透明看台,您可以随时看到您爱车维修的全过程,也可以在我店的微信公众号里查看车辆保养的实时进展,有兴趣的话您也可以到汽车配件精品超市去看看。我会继续跟进您爱车维修的进度,在诊断过程中,如果发现任何问题,我会及时跟您取得联系。 王先生:好的。	客户要求参与故障诊断过程,应该怎样应对?

任务二　派　工

【情景】　小张是某 4S 店的服务顾问,所在的店业务量较大,平均每天接待车辆 100 台次左右,车间共有 6 个维修班组。店内一直采取由调度进行派工的方式,维修过程中的"好活""累活"有时会出现争抢推诿的现象,导致工作分配不公平、不均衡。维修班组总是对派工有抱怨,认为派给别人的工作比派给自己的工作好,即便是调度分派得非常公平,维修班组也会常有抱怨。车间主管和售后经理为此都感到困扰。

派工是维修过程中的一个重要环节,通过合理的派工可以确保维修任务分配均衡,合理利用可用维修时间,避免出现不同班组之间工作量差异过大现象。并对部分特殊维修作业给予优先安排,提高客户满意度。

因此,在派工过程中,派工人员需要了解维修工作类别、工作复杂程度及标准作业时间才能进行妥善的派工,同时也要考虑相关维修班组及个人的技术水平,一方面减少客户的等候时间,减少投诉,另外一方面也可以尽量避免因为技术水平不够引起返工、返修等事故。

● 任务描述

客户王先生几天前预约今天上午 10 点来店进行定期维修作业,并按时到店,服务顾问小李接待王先生,在确认了维修项目之后,小李安排王先生休息,等候维护结束,并安排王先生的车辆进入车间进行维护。

● 学习准备

❶ 知识准备

服务顾问在服务接待过程中,与客户一起确定服务项目,然后以《委托维修派工单》的形式交车间主管或调度员安排车辆维修工作(表 4-2)。在派工过程中要确保维修任务分配均衡,合理利用可用维修时间,不应出现同工种不同班组工作量差异过大等现象;对于某些车辆要考虑优先安排;要掌握专营店维修工厂总体可利用的维修工作时间;掌握各维修班组可利用的维修工作时间,保证均衡安排工作;另外也要了解维修工作类别、工作复杂程度及标准作业时间进行妥善地派工。

4S 店派工看板　　　　　　　　　表 4-2

时　　间	机修一组	机修二组	机修三组	钣金一组	钣金二组	喷漆一组	喷漆二组
9:00—10:00	粤 A ××××						
10:00—11:00	粤 A ××××						
11:00—12:00							
12:00—13:00							
13:00—14:00							
14:00—15:00							
15:00—16:00							
16:00—17:00							
17:00—18:00							

(1)客户对于维修环节的关注点是什么?

(2)派工时需要考虑哪些因素？

_____

_____

_____

(3)哪些工作内容可以优先派工？

_____

_____

_____

❷ 工具、表单准备

预约登记表、预检单、定期维护间隔及项目表、预约排班表、派工单等。

三 实训流程

车辆维修派工实训流程如图4-6所示。

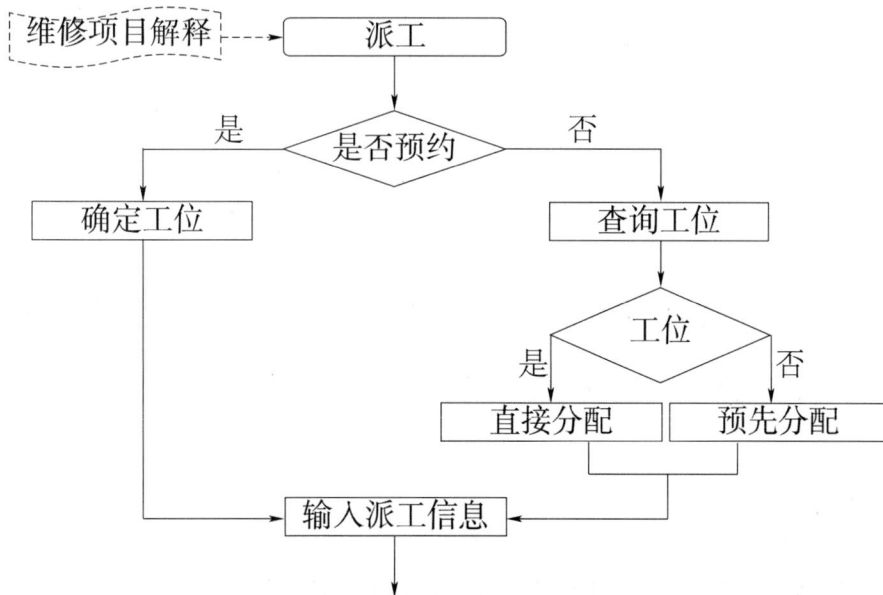

图 4-6

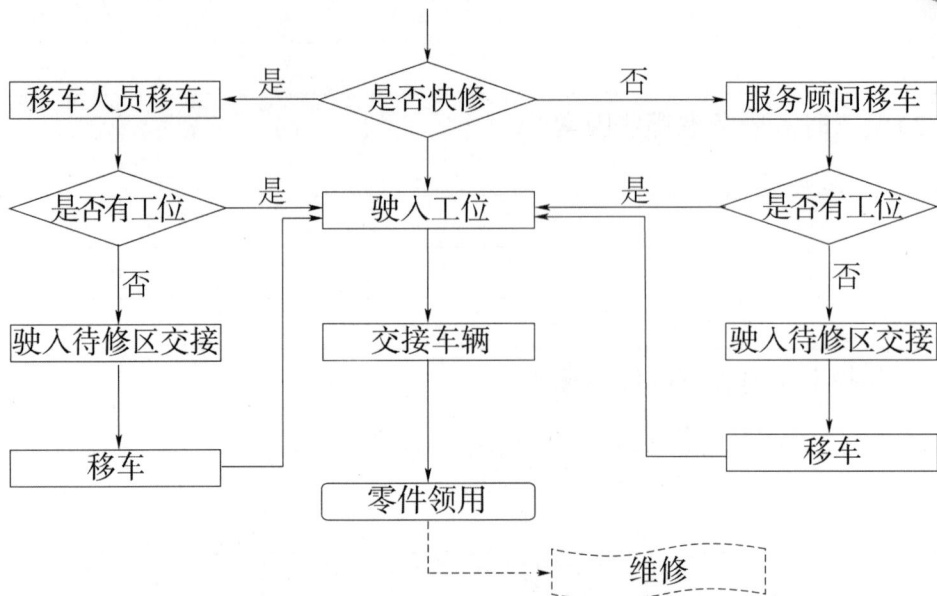

图4-6　车辆维修派工实训流程图

四 实训步骤

思考

常规维护的车辆属于快修还是非快修车辆？

_____

_____

_____

1 查询并确定工位

通过店内车辆派工看板或 DMS 系统查看店内工位安排情况。

思考

预约车辆和非预约车辆在确定工位时有什么区别？

_____

❷ 分配工位

了解车间工位占用情况（图4-7），确定工位是否已满。

图4-7　车间工位

思考

工位未满，应该怎样安排？

工位已满，应该怎样安排？

❸ 在数据库管理系统（Database Management System，DMS）输入派工信息

服务顾问在 DMS 派工界面将预估的作业起止时间输入系统内。派工信息包括车辆号牌、服务顾问、剩余交车时间等信息，并将派工信息贴在派工看板上。

❹ 移动车辆

将车辆移入车间(图4-8),进入已安排的工位,准备开始维护作业。

图4-8　车辆驶入待维修工位

思　考

如果工位仍有未完工车辆,应该怎样安排?

_____

_____

_____

❺ 车辆准备开始维修

实训指导

实训项目1　维修项目解释

❶ 实训准备

1)需要准备哪些工具和表单?

_____

2)话术准备包括哪些方面？

_____

_____

_____

_____

❷ 实训过程

1)情景说明

(1)预约车辆将于下午两点到店;客户姓名:张先生;车辆号牌:粤 A ×××××。

(2)项目:15000km 常规维护,解决刮水器异响。

(3)接待工位充足,服务顾问有空。

2)演练内容

解释常规维护作业项目,解答客户疑问。

3)参与角色

服务顾问、车间主管、零部件人员、诊断技师。

4)道具

预检单、快修车辆派工看板、派工单、工单架、零部件、预约料架。

5)实训要点

(1)分组:每组 6 ~ 10 人。

(2)角色分配:组员分别扮演服务顾问、车间主管、零部件人员、诊断技师。

(3)注意了解客户反映的问题。

(4)点评:学生评委点评,教师讲评,并总结出标准话术做参考。

实训项目 2　派工过程演练

❶ 实训准备

1)派工有哪些注意事项？

_____

2)派工的工作可以交给哪些人负责？

❷ 实训过程

1)情景说明

(1)非预约车辆在一般接待工位,已完成环车检查工作。

(2)工作项目15000km维护,解决刮水器异响。

(3)车间维修工位已满。

2)演练内容

派工流程及维修工位已满状况的应对。

3)参与人员

服务顾问、调度员、客户、班组长。

4)道具

车辆、快速服务单、作业卡。

5)实训要点

(1)分组:每组6~10人。

(2)角色分配:组员分别扮演服务顾问、调度员、客户、班组长等。

(3)点评:学生评委点评,教师讲评,并总结出标准话术做参考。

练　　习

❶ 问答

1)维修项目解释不清楚可能带来什么后果？

2)遇到多次返修客户,在派工时应该注意什么?

3)客户休息室可以为客户安排哪些休闲项目?

4)遇到客户描述的故障现象从未见过时,应该怎样解决?

5)将精品部放在客户接待室门口有什么好处?

❷ 话术练习

1)在客户休息室里,提供饮料给客户选择时应该怎样说?

2)客户刘先生的车辆是返修车辆,在派工时,车间调度将车辆派回给原维修班组,客户看到后不同意,服务顾问应该怎样跟客户解释?

3)在服务顾问对车辆进行接车环车检查时,客户在旁边不高兴地说:"快点吧,不用检查那么细致,有问题我也不会让你负责的。"这时服务顾问应该怎样回答客户?

单元五
维修服务及质量检查

　　客户到4S店来修车，主要目的是及时修好车，同时也期望能得到令人满意的其他服务。快速地解决客户的疑难，保证良好的维修质量，是客户对4S店是否有信心的关键要素。但对于很多客户来说，车辆的正常维修项目维修完成只是整个服务过程中的基本要求，如果4S店还能对车辆外观、车况等方面进行关注，很有可能超出客户的期望，提升客户的满意度。

　　随着入厂维修车辆不断增加，车辆交付环节容易被汽车维修企业疏忽，部分汽车维修企业还是重视接待车辆而淡化交付车辆，并且在维修后的交车环节上缺乏相应的管理经验、管理手段。这导致服务顾问经常与客户在交车环节上发生不愉快的事情，引起部分客户的质疑或不满。为了保证服务顾问接待工作的质量与效率，提高客户的满意度，向客户提供物超所值的服务，服务顾问应在联系客户取车之前，从客户的角度对完工的车辆做好交车前的服务质量检查工作（图5-1）。

图 5-1　客户对维修过程的期望

任务一　维修作业

汽车售后服务的本质,是对客户的车辆进行及时可靠的技术支持与相关服务。完美的服务理念与服务热情以及严谨的服务流程、始终如一的服务态度才能赢得客户的信赖。在维修作业环节,客户希望 4S 店能够高质量的一次性修复车辆故障,在维修过程中发现潜在的故障,并及时地提出维修增项建议,尽量保证车辆的各项性能。

维修作业过程历来是汽车维修投诉的重点,也是客户对车辆维修维护的核心期待。近年来,由于汽车销量大幅度增加,4S 店的维修维护数量也随之迅速增长,对于汽车维修专业人才的需求量也大增,随之带来的问题就是维修工素质良莠不齐,部分维修工只会换零件,这也就导致了维修质量难以保证,多次返修的现象经常出现(图 5-2)。因此,客户希望能找到一个满意的维修技师,能够快速的解决自己车辆遇到的所有问题。

图 5-2　多次返修的车辆

一、任务描述

客户王先生开车来4S店进行30000km维护作业,服务顾问小李接待了王先生,车辆目前已经进入车间准备进入维修作业阶段(图5-3),即将进行维修服务作业。

图5-3　汽车进入待修工位

二、学习准备

❶ 客户在维修作业阶段的期望是什么?

_____

_____

_____

_____

❷ 打印维修委托书后,为什么要向客户解释维修费用为预估费用?

_____

_____

_____

_____

❸ 如果不征询客户的意见,擅自处理更换下来零部件会产生什么后果?

_____

_____

_____

❹ 如果客户要求参与或现场观看维修维护过程,应该怎样对客户解释?

_____

_____

_____

❺ 工具、表单准备

维修委托书、定期维护间隔及项目表、预约排班表、安全防护三件套。

三 实训流程

车辆维修作业流程如图 5-4 所示。

四 实训步骤

❶ 作业前准备

(1) 车辆保护。

车间维修技师确认车辆是否已安装防护套件,如果需要打开发动机舱进行检查,维修操作前必须在翼子板上加装翼子板护垫(图 5-5)。

(2) 维修前准备工作。

①维修技师详细阅读《预检单》和《维修委托书》,了解维修项目及以及故障处理方法。

②维修技师据《维修委托书》上的配件编号到配件仓库领取配件。

③查阅/了解维修工艺和相关工具,选择工具及设备。

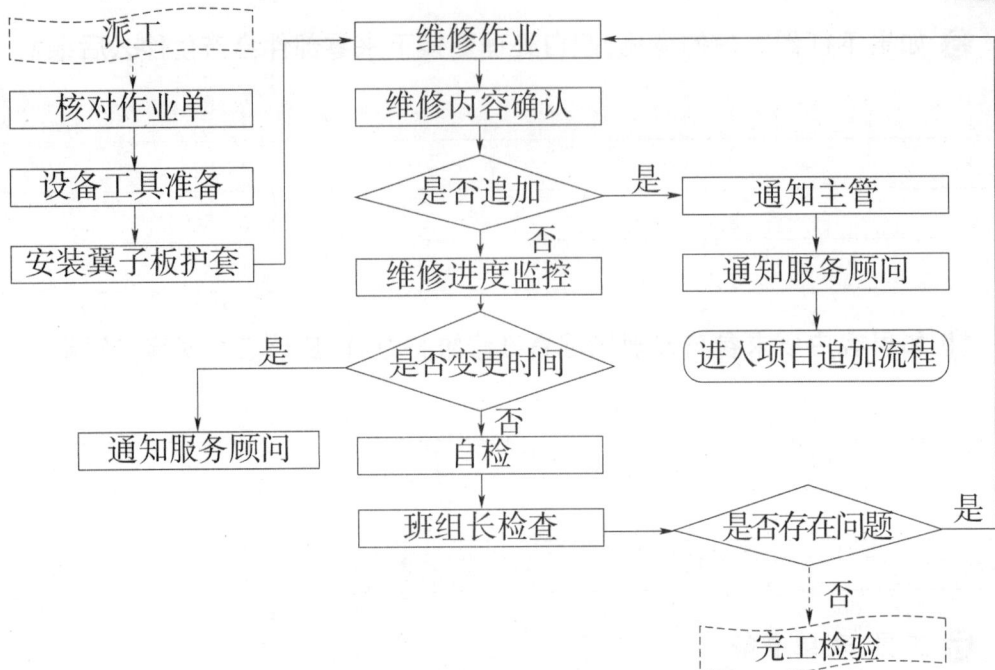

图 5-4　车辆维修作业流程图

图 5-5　安装翼子板护垫

（3）作业管理系统看板管理。

在作业看板上标注"车辆维修进行中"，并标注"号牌""维修工位""剩余交车时间"等信息。

❷ 作业实施

在对车辆进行检查前，维修技师先要对发动机舱内的机体和零部件进行除尘、清理(图 5-6)，然后对照维护单的项目，开始对车辆进行各项检查(图 5-7)。在对车辆进行维修作业时，要注意保持工位整洁，注意车辆的特殊要求，妥善处理换下的零部件。

图 5-6 维修前的清洁

图 5-7 开始维修维护作业

（1）检查发动机舱（图 5-8）。

图 5-8 发动机舱检查

（2）检查底盘（图 5-9）。

图 5-9 底盘检查

（3）检查轮胎（图 5-10）。

（4）检查灯光（图 5-11）。

图 5-10 轮胎检查

图 5-11 灯光检查

❸ 监控进度

服务顾问应及时跟进客户车辆的维修进度,监控电子管理板(图 5-12)上车辆的预定完工时间。主动确认工位的车辆是否能按作业管理系统看板上的预定时间完工。作业中发现可能延迟完工,应及时向班组长反映,请求支援。确定将延迟完工的,班组长向服务顾问反映,服务顾问应做以下对应:调整作业管理系统看板上的预定完工时间,及时与客户联系,向客户致歉、解释原因,取得其同意。

❹ 追加维修项目

维修技师在维修过程中,如果发现新的维修内容,应将追加项目的原因及时间立即向车间主管报告,并填写追加项目报价单。车间主管确认后,迅速将具体的追加原因、项目及时间等信息反馈给服务顾问,进入追加流程。

车辆维修电子看板						
车牌	等待派工	派工时间	作业中	洗车终检	维修完工时间	服务顾问
粤A ××××		9:00			11:30	小李
粤A ××××		9:00			12:00	小张
粤A ××××		9:30			13:00	小王
粤A ××××		10:00			14:00	小李
粤A ××××		10:00			15:00	小张
粤A ××××		10:30			13:00	小王
粤A ××××		10:30			13:00	小李
粤A ××××						
粤A ××××						
粤A ××××						

图5-12　维修进度看板

（1）服务顾问在第一时间通知客户追加维修项目，如果客户同意追加维修需签名确认并记录在维修委托书上。

话术：_____

_____

_____

_____

如果客户不在现场,可以通过哪些方式确认同意维修增补项目?

_____

_____

_____

_____

(2)服务顾问应对追加维修项目及时向客户进行说明,并对所要完成的维修项目进行重新报价,解释交车时间延长等。

对涉及安全隐患的维修项目,请客户在维修委托书对应栏框签字;并提示客户,请注意该处故障的变化,建议下次维修处理;

在没有获得客户对新的增补维修项目同意的情况下,维修技师不要进行任何增补维修工作。

❺ 维修进度跟踪

服务顾问与车间调度保持紧密联系,及时掌握所接待车辆维修进展情况,不定期地向客户通报,并询问客户是否还有其他要求;

如发生维修时间延长或有增补维修项目时,服务顾问应及时向客户现场说明或电话告知并询问客户的处理意见。

维修技师在车辆维修完毕并自检合格后,将车辆和钥匙以及全部的工作单据交给车间调度,由其安排维修质量检查。

❻ 完工检验

维修技师确认维修部位拆卸或调整后部件是否正常,如:螺栓、插头、油水;对涉及行车安全的部位应逐项确认;维修班组长在维修作业卡内签字。班组长扫描工单条形码及班组条形码或手动输入,作业管理系统看板仍显示(维修进行中:号牌、维修工位、剩余交车时间)。

小 知 识

可感知维修

如果发生任何打开发动机舱的检查或维修作业后,必须对发动机舱可见零部件表面进行除尘清理,并使用棉纱布清理干净。

对于客户自费维修项目,并希望看到或收回更换下来的零件,维修技师应将旧件装入袋中,放置在车辆行李箱内。

请问可感知维修的好处是什么?

任务二　维修质量检查

故障问题能否一次性排除,是客户来店后最关注的重点,也是客户最基本的期望。4S店在管理上若能重视完工检查,对维修质量严格把关,必能获得客户的信赖,赢得客户的好评。

车辆维修质量是汽车维修企业赖以生存的重要条件,维修质量监控的好坏将直接影响到企业品牌的提升。好的车辆维修质量是企业品牌的生命,车辆维修质量差的企业必然走向衰败。

● 任务描述

客户王先生的车辆已经完成了维护作业。在车辆交付给客户之前,车间需要对维修作业质量进行监控,避免存在问题,出现返工或返修现象,以提升客户满意度。

小提示

返工:返工是指车辆没有出厂前或者没有交付给客户前因为质量问题而进行的修理工作;

返修:返修是指车辆交付给客户,使用后发现质量问题而导致的返厂修理。返工和返修最大的区别就在于车辆是否已经交付给客户使用。

● 学习准备

1)为什么车辆交付前还需要对其进行维修质量检查?

_____

_____

_____

2)客户对于完工检验过程的期望是什么?

_____

_____

_____

3)工具、表单准备

派工委托书、定期维护间隔及项目表、维修质检单。

● 实训流程

车辆维修质量检查流程如图5-13所示。

● 实训步骤

首先,应检查派工委托书的完成情况。客户的车辆维修完成后,维修车间必须安排专门人员进行维修质量监控,服务顾问应根据派工委托书的维修内容检查车辆的维修完成情况,确认维修项目全部完成,需更换的零部件已全部更换;

然后检查车辆外观;最后,车辆在交车前,服务顾问必须检查车身是否清洁,内饰是否清洁、有无损坏,轮胎气压是否符合要求等。

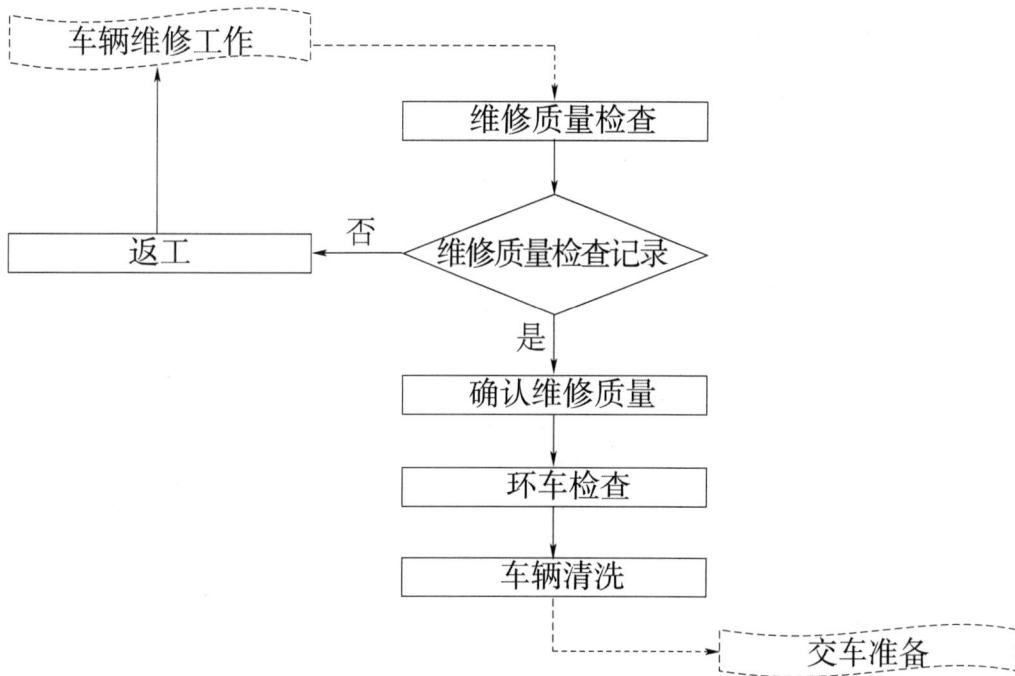

图 5-13　车辆维修质量检查流程图

❶ 维修质量检查

对所有进店维修完毕的车辆,在交付客户之前必须进行全面的维修质量检查。

(1)维修技师自检:维修工对照派工单上的维修项目或故障内容,逐一检查是否完成,尤其是客户要求的服务项目是否完成。完成质量检验后,在派工单上签字,将派工单、更换下来的配件(随车)、车钥匙交给班组长。

(2)班组长检验:班组长按照派工委托书记载的内容,对所完成的维修项目进行检验,并核对有无遗漏的服务项目,重要修理、安全性能方面的检修、返修等应优先检验。当发现有问题时,必须采取措施进行纠正,并把检验结果反馈给维修技师,避免再次出现同样的问题。完成质量检验后,在派工委托书上签名。

(3)质检员检验:按照派工委托书记载的维修项目进行检查,逐一核实派工委托书作业内容是否全部完工。重新确认《预检单》的记载有无错误,检查外观有无损伤,检查维修技师作业文件。若维修技师填写的《派工委托书》的内容不完全,质检员应要求修改。

❷ 维修质量检查记录

(1)质检员检验完成后,将检查结果如实的记录在《维修质检单》(图5-14)上,并签名。

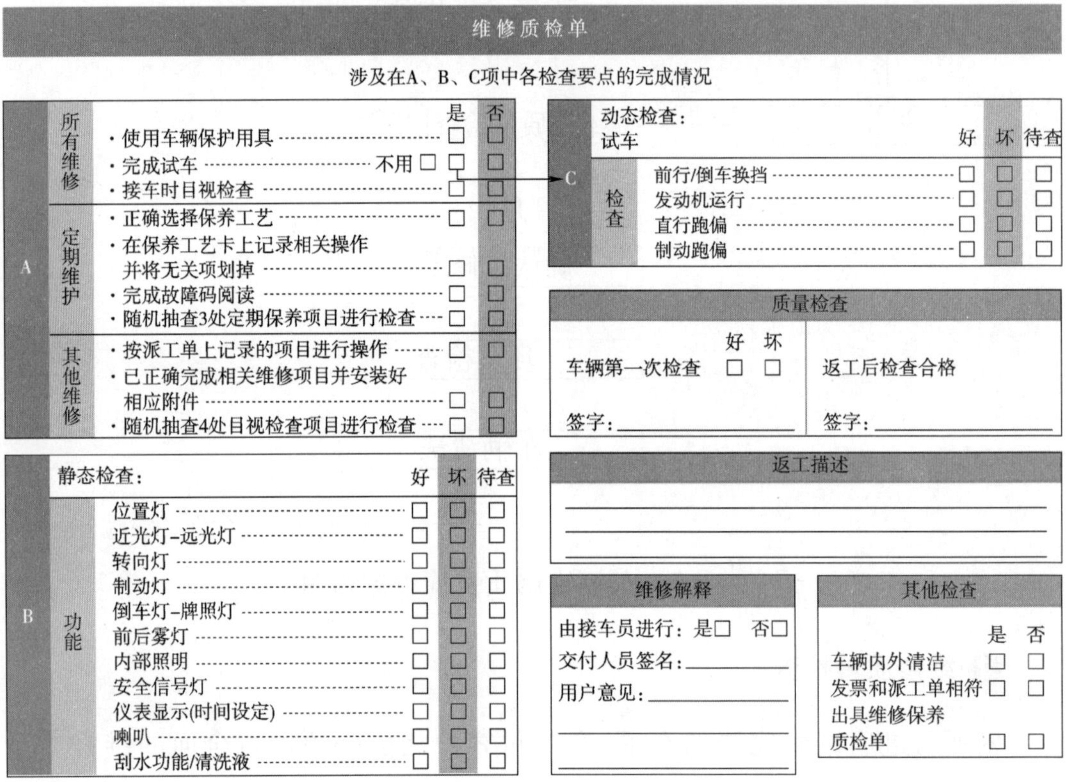

维修质检单

涉及在A、B、C项中各检查要点的完成情况

A

		是	否
所有维修	·使用车辆保护用具	□	□
	·完成试车 不用 □	□	□
	·接车时目视检查	□	□
定期维护	·正确选择保养工艺	□	□
	·在保养工艺卡上记录相关操作并将无关项划掉	□	□
	·完成故障码阅读	□	□
	·随机抽查3处定期保养项目进行检查	□	□
其他维修	·按派工单上记录的项目进行操作	□	□
	·已正确完成相关维修项目并安装好相应附件	□	□
	·随机抽查4处目视检查项目进行检查	□	□

B

静态检查:		好	坏	待查
功能	位置灯	□	□	□
	近光灯–远光灯	□	□	□
	转向灯	□	□	□
	制动灯	□	□	□
	倒车灯–牌照灯	□	□	□
	前后雾灯	□	□	□
	内部照明	□	□	□
	安全信号灯	□	□	□
	仪表显示(时间设定)	□	□	□
	喇叭	□	□	□
	刮水功能/清洗液	□	□	□

C

动态检查:试车		好	坏	待查
检查	前行/倒车换挡	□	□	□
	发动机运行	□	□	□
	直行跑偏	□	□	□
	制动跑偏	□	□	□

质量检查

车辆第一次检查 好 □ 坏 □ 签字:______

返工后检查合格 签字:______

返工描述

______

维修解释

由接车员进行:是□ 否□

交付人员签名:______

用户意见:______

其他检查

	是	否
车辆内外清洁	□	□
发票和派工单相符	□	□
出具维修保养质检单	□	□

图5-14 维修质检单

(2)对不符合派工要求的维修项目或已完工但不符合维修技术标准的维修项目,则需要返工,在“车辆第一次检查”中记录“坏”,同时记录“返工描述”,并将车辆和单据交给车间调度,由其安排维修技师对不符合项目实施返工。

(3)填写《重复维修分析表》,服务顾问利用其分析返修原因,提出返修预防措施。

(4)对返工维修的车辆,仅对返修项目进行再次检查,合格后在“返工后检查合格”栏处签名。

(5)对所有维修质量检查合格的车辆,应依据本次维修情况,填写《维修建议》(图5-15),并签名。

维 修 建 议

_____先生/女士：

■对于您在　　年　　月　　日报修/维护的车辆(车辆号牌：　　)，我们已经完成所有项目，经过检查，我们确认此次维修符合××品牌售后工艺的标准。

■在维修操作过程中，我们建议该车还应进行下列操作：

尽快进行_____

还需进行_____

维修预约请致电：

■您车辆下次维护里程在_____km或_____年_____月_____日。

■您车辆的年审期限是在_____，建议提前一个月到我店做一次预检以保证顺利通过年检。

感谢您对我们的信任！

图 5-15　维修建议单

(6)将质检合格后的车辆和钥匙以及全部工作表单交给车间调度,由其根据《派工委托书》上"客户意见"安排清洁人员对车辆进行清洗作业,并通知服务顾问。

❸ **车辆清洗**(图 5-16)

(1)将车辆移至洗车区,并将钥匙交给洗车组长。

(2)洗车组长根据现场状况安排车辆清洗作业顺序,向洗车人员强调清洗中的特别注意事项。

图 5-16　车辆清洗

(3)将车辆清洗信息输入 DMS 系统,在车间电子显示屏上显示。

(4)车辆清洗完成后将检验车辆清洗效果,并将清洗完工信息输入 DMS 系统,准备将车辆移至竣工区。

思 考

车辆清洗的注意事项有哪些?

_____

_____

_____

_____

实 训 指 导

实训项目1　追加维修项目

❶ 实训准备

1)客户可以通过哪些途径了解车辆维修进度?

_____

_____

_____

2)服务顾问为什么要跟进维修进度?

_____

_____

_____

❷ 实训过程

1)情景说明

(1)预约车辆维修在进行中。

(2)维修在进行中需追加维修项目,要延后40分钟交车。

2) 演练内容

维修作业流程的跟进及追加项目的应对。

3) 参与角色

服务顾问、车间主管、班组长、维修技师、客户。

4) 道具

车辆、追加项目报价单、作业卡、作业管理系统看板。

5) 实训要点

(1) 分组:每组 6 ~ 10 人。

(2) 角色分配:组员分别扮演服务顾问、车间主管、班组长、维修技师、客户。

(3) 客户可以选择在店内等候或离店等候。

(4) 点评:学生评委点评,教师讲评,并总结出标准话术做参考。

实训项目 2　洗车

❶ 实训准备

1) 是否已经做好了接待前的准备工作?

_____

_____

_____

2) 接待过程中如果遇到愤怒的客户应该怎样做?

_____

_____

_____

❷ 实训过程

1) 情景说明

(1) 车辆号牌为粤 A ××××× 车辆已质检完毕,停放于完检工位上。

(2) 作业卡上注明需要洗车,预计交车时间 3 点半。

(3) 洗车组长明确告知移车人员现在等待洗车的车辆较多,可能需延后 20 分钟。

2)演练内容

移车人员如何进行清洗前交接、车辆交接、清洗后交接。

3)参与角色

移车人员、洗车组长、服务顾问。

4)道具

快速服务单、作业卡、车辆、车辆清洗记录表。

5)实训要点

(1)分组:每组6～10人。

(2)角色分配:组员分别扮演移车人员、洗车组长、服务顾问等。

(3)点评:学生评委点评,教师讲评,并总结出标准话术做参考。

练 习

❶ 问答

1)如果4S店安排实习期的你洗车一个月,你怎样看待?

2)接车与交车哪一个更重要?为什么?

3)如果遇到多次返修而大吵大闹的客户,服务顾问应该怎么做?

❷ 话术练习

如果客户的车辆因为零件未到货而需要在厂停留多日,应该怎样跟客户解释维修进度缓慢的原因?怎样安抚客户?

❸ 综合题

1)在维修中,服务顾问、车间主管、维修技师、技术总监、配件部分别有什么职责?

2)【案例分析】 一位女士在离开4S店后大概10分钟打电话给4S店,客服小张接听了这位女士的电话。在电话里,女士显得非常气愤,反映说在刚才维修结束之后,4S店没有认真清洗车辆,只是清洗了车外,但是车内完全没有清洗。小张询问这位女士的资料,这位女士没有回答,依然非常气愤地描述车辆的状况,并且表示自己正在开车,如果不是有急事的话一定要把车开回4S店给大家看看,以确认自己没有说谎。

如果你是小张,你准备如何安抚这位客户,并对客户反映的问题作出回应?

单元六
维修交付及引导客户离店

学习目标

1. 了解维修后的验车要点；
2. 掌握解释维修项目和费用的话术；
3. 能够完成车辆交付；
4. 了解送客技巧。

交车是一个服务顾问与客户接触的很重要的时间。对服务顾问来说，为了交车可能需要较长时间的准备。在这个环节中，服务顾问要注意以下问题：

在通知客户交车以后，首先要开出费用清单。当客户来取车的时候，服务顾问必须热情地迎接客户，特别是对那些维修项目比较繁多的客户，要表现得更为热情。

其次，向客户详细解释工作的完成情况，尤其要向客户详细说明维修和费用的内容。比如我们做了些什么工作，哪一些是免费的，都要和客户说明，还要说明已经进行了全面的质量检查。

再次，要向客户指出车辆依然存在的问题。指出这辆车以后还有什么毛病必须修理，只是现在不是很紧急，可以留到下一次进行修理，下一次的维护时间应该是什么时候。所以在这个时候，也是服务顾问与客户产生另外一个新的预约的时机，每一次同客户接触的时候，都要尽量做到与客户有一个新的预约。

最后，引导客户到收银台进行维修费用结算，开具发票。要感谢客户对你工作的关照,并且在完成一系列剩余的交车手续后,送客户离开。

在交车过程中,客户希望服务顾问能够清楚地解释费用组成,并陪同客户至财务收款处协助进行结算,财务开具发票应当迅速,项目详细、数目准确,并能提供适当的优惠。同时客户希望收到一辆干净的、故障已彻底清除的车辆,并有人协助其顺利离店(图6-1)。

希望服务顾问能够清楚地解释费用组成,并陪同我至财务收款处协助我进行结算,财务开具发票迅速,项目详细、数目准确,价格透明,并能提供适当的优惠。

图6-1 客户对维修交付环节的期望

任务一 验车结算

【情景1】 小张是某4S店的新来的服务顾问,在一次接待客户的时候由于等候的客户较多,小张没有仔细对车辆进行环车检查,忽略了一处划痕,在完成维修陪同客户一起验车的时候,客户发现了这处划痕,并且认定这处划痕是在维修过程中造成的。按照店内规定,小张在接车问诊单上没有仔细检查,注明划痕,所以修复费用由小张承担,小张只能无奈地接受,但是同时他也告诉自己以后绝对不能再出这样的问题。

【情景2】 今年3月份,陈先生的轿车由于剐蹭,被送到4S店进行维修。几天后,当他提车时却发现,按照保险公司的验损要求,4S店应该对车辆的前保险杠予以更换,而且维修清单上也显示"前保险杠已更换"。可实际上,陈先生检查发现,保险杠只是经过维修和喷漆,并未被更换。陈先生找到4S店维修技师,经过检查确认,4S店告诉陈先生是因为工作人员疏忽而将"更换"当成了"维修",陈先生觉得不能接受这个答案,对该店非常不满意。

验车是维修后服务顾问陪同客户对车辆进行检查的过程,其主要目的是检查维修项目是否已完成及完成情况,同时也要确认车辆外观及内饰是否与进厂时一致。另外,目前很多4S店客户流失现象较为严重,而其中对于维修费用不满意占了很大的比例,因此在交车时如果能够对维修项目及费用做出充分的解释,获得客户的理解和信任,提高客户的满意度,对于维持客户的稳定性会起到很大的作用。

服务顾问通知客户接车前要做好相应交车准备:车间交出竣工验收车辆后,服务顾问要对车辆做最后一次清理、清洗、清理车厢内部,查看外观是否正常,清点随车工具和物品,并放回车上。结算员应将车辆全部单据汇总核算,此前要通知收缴车间与配件部有关单据。一切准备工作完成之后,服务顾问再提前通知客户准时来接车,并致意;如不能按期交车,也要按约定的时间或更早些时间通知客户,说明延误原因,争取客户谅解,并表示道歉。

● 任务描述

客户王先生的车两个小时前安排给快修一组进行维护,按照计划应该已经完工了。服务顾问小李通过店内管理系统看了一下进度,发现已经完工。于是小李回到办公区,打电话给户王先生通知可以交车了。客户王先生来到维修前台后,小李陪同王先生一起完成验车结算,半小时后,送王先生离店。

● 学习准备

❶ 了解客户期望

在验车结算时,客户有什么期望?

_____

_____

_____

❷ 接待准备

作为服务顾问,在交车前要做好哪些接待准备?

_____

❸ 话术准备

交车前,服务顾问如何与客户预约交车的时间? 在维修内容和费用解释及开具发票过程中,遇到客户有异议时应该怎样应对?

_____

_____

_____

❹ 工具、表单准备

电话、施工单(预检单)、结算单、车钥匙、行驶证、维护提醒卡。

三 实训流程

验车结算流程如图 6-2 所示。

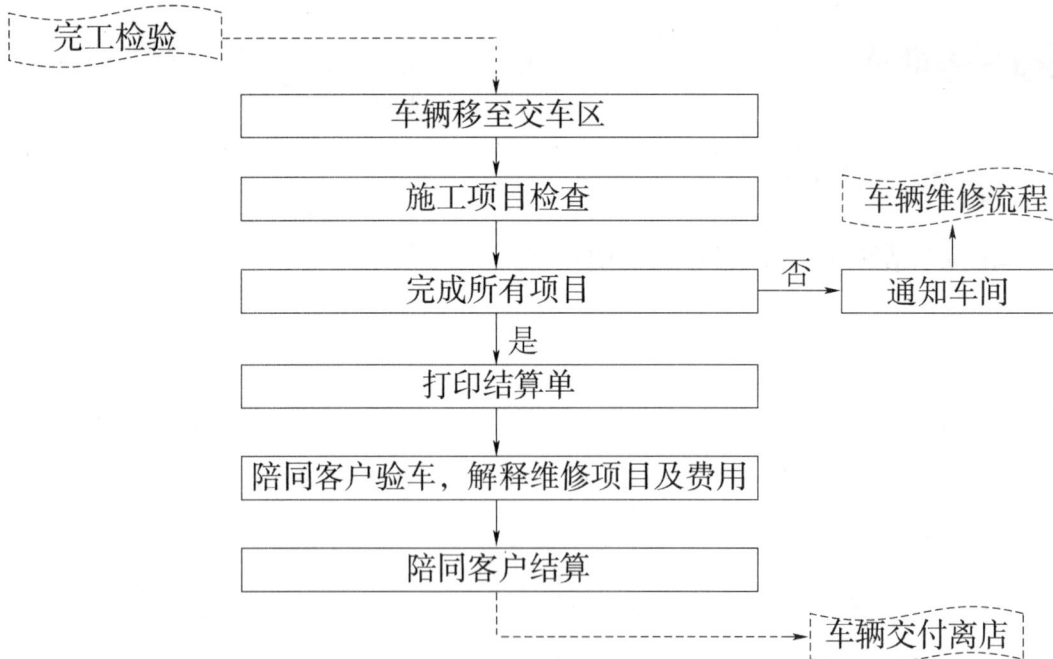

图 6-2　验车结算流程图

四　实训步骤

❶ 车辆移交前台

洗车班组将清洁后的车辆停至"车辆竣工区",并将全部工作表单及车钥匙移交给该车辆的服务顾问。

思 考

负责车辆移交的人应该具备什么条件?

_____

_____

_____

_____

❷ 车辆交付检查

(1)检查车辆。

①服务顾问接到车辆后,首先应检查确认车辆内、外清洁度。除车辆外观检查外,还应包括无灰尘、油污,不遗留抹布、工具、小零件等,烟灰缸清洁。

②确认旧零件按照客户的要求处理,如果客户要求带走,要装入塑料袋中,并放置在车辆行李舱内。

③座椅位置、电台频道、灯光等要恢复到维修维护前的状态,时间要准确。

(2)确认书面工作。

①检查派工单,确认客户提出的所有维修/维护项目以及经客户同意增补的建议维修项目都已得到了维修和解决(察看维修完成时间、维修技师签名)。

②检查派工单背面,确保车辆所有维修项目都已经通过质检,并签字确认合格。核对维修费用,包括配件费、工时费。

❸ 打印结算单

(1)通过 DMS 系统打印《结算单》(表6-1)。

结 算 单   表 6-1

修理号	
使用者	
电话	
地址	

公司名称:
地址:
电话:

车辆号牌		内饰颜色	
车架号		车体颜色	
车型		来店日期	
里程数		预定交车日期	

定期维护	一般修理	下次维护提示	
		维护里程	
		预计日期	

序号	作业项目、零件名称、其他费用	操作类型	数量	零件费用	工时费	其他费用
1	提醒用车有帮助的建议					
	1)预约优先服务:提前一天致电预约,可享受优先服务,欢迎拨打预约电话:020-××××××××	提醒				
	2)旧件展示:更换的旧件在交车时作展示或归还。"旧件已展示"客户签名	提醒				
	3)车辆清洗:维修后的车辆会做内外清洁	提醒				
	4)三天内回访:方便回访的时间					
2	5000km 定期维护	维护				
	按维修手册制订项目操作	检查				
	更换机油/机油格/放油口垫	更换				
合计金额:						

备注:

预算费用:
工时费合计:
零件费合计:
其他合计:
工时费折扣:
结算金额:

发票类型		发票编号	

结算说明

1. 保修规定:
2. 原则上不允许自带配件,车主自带配件,本店不作保修。
3. 欢迎您对我们的服务提出宝贵意见,服务监督电话:

估价	机修	钣金	喷漆	完检

(2)在保修手册中记录已进行了的维护项目,并加盖4S店印章。

(3)在与客户商定的交付车辆时间前,面带微笑、礼貌地通知客户准备提车。

话　术	问　题
小李:王先生,不好意思,让您久等了,您的车辆已经维修并清洗完毕,请您到前台来验车吧。 王先生:好的。	服务顾问在引导客户时,应如何使用肢体语言?

小 提 示

交车时间的安排。

承诺客户交车时间的时候,必须把他们的交车时间错开。因为每次交车,都需要至少15分钟的时间来接待客户。虽然有些简单的交车可能在5分钟内就完成了,但是有一些客户疑问多、维修项目多,就必须解释得全面,15分钟的时间可能也比较紧张。这种情况下,如果你答应每一个客户都在同一时间来取车,势必会造成混乱。

④ 陪同客户验车

客户到达前台后,服务顾问应陪同客户到交车区。

(1)首先,向客户说明每个维修项目的工作过程及结果、故障原因分析、故障处理方法及更换的零件,如有必要,陪同客户一起进行路试。

(2)其次,向客户详细说明维修费用、总费用,每项工作分别包含的零件费、工时费,优惠或免费费用(套餐项目、保修项目、召回行动项目等)。

(3)再次,依据维护表单,对保修手册上的记录进行说明,简要介绍保修条款和定期维护的重要性。

(4)再次,向客户介绍增值服务项目,说明哪些项目已经完成且是免费的,比如优惠活动等。

(5)最后,结合维修建议书,向客户建议近期要做的维修,并提醒客户下次维护的里程或时间。

话　术	问　题
小李:王先生,您请看,车辆已经清洗干净了。 王先生:嗯,不错,很干净! 小李:谢谢。王先生,您这次的维护我们更换了机油、机油滤清器;同时对车辆进行了全面检查。现在发动机舱的各个液面都保持正常,空气滤清器和座舱空气过滤器也进行了清洁。 小李:我们的维修技师还对车辆电脑进行了诊断,一切正常,并且还对车辆的维护提示做了初始化。您看,还有其他要求吗? 王先生:没有了。 小李:根据您日常的行驶里程,您下次的维护时间大约在 6 个月后,到时候我们的服务预约专员会主动联系您,这样可以吗? 王先生:嗯,好的。 小李:王先生,我们将在三天内对您本次维修情况做一个电话回访,您看什么时间合适呢? 王先生:后天下午吧。 小李:好的。王先生,您这次维修的总费用是 1900 元。 王先生:没问题。 小李:这是这次维修的结算单,如没有其他问题,请您在这里签字确认。 王先生:好的。 小李:请问您是付现金、微信支付还是刷卡?	(1)服务顾问在维修内容、费用等解释的过程中,要注意抓住什么要点,以便客户对维修效果予以确认? (2)若客户明确表示不要打电话回访时,如何确认其他回访方式? (3)服务顾问在向客户展示旧件时,要注意什么细节?

续上表

王先生:刷卡。 小李:王先生,我已经把下次维护的里程和时间写在您的维护手册上,请您收好。如果没什么问题,现在我陪您一同去结账,好吗? 王先生:好的。	

小 提 示

　　这个时候,如果能够把换下来的零件拿出来展示给客户看的话,就会使客户更满意。当然这里指的零件是比较小的零件,在修完车以后,把那些零件放到塑料袋里面,当客户来的时候,拿出来告诉客户,这个零件哪里坏掉了,这样客户就会更信任你。

⑤ 维修费用结算

　　服务顾问陪同客户到收银台,告知结算员客户付款方式。结算员核对作业卡/快速服务单、结算清单,确认客户付款方式,结算。之后将发票、结算清单客户联及信用卡存根放入信封,双手递送客户。

话　　术	问　　题
小李:小刘,这位是王先生,请帮他结算相关维修费用,刷卡支付。 财务小刘:您好,王先生,您这次维修的材料费是 1600 元,工时费是 300元,总共是 1900 元。 王先生:好的。 财务小刘:请出示您的银行卡,并输入密码。 王先生:好的。	在结算环节,财务人员要注意什么问题?

财务小刘:请在这里签字,谢谢。 王先生:好的。 财务小刘:感谢您光顾我们店,这是您的发票及相关单据,请收好。谢谢您的惠顾,祝您一切顺利! 王先生:多谢。	

任务二 交车送客

【情景】 服务顾问小唐的客户钟先生的车已经维修好,小唐收到信息后预约钟先生于第二天上午10点交车。第二天一早,小唐及时做好一系列交车的准备。9:55,小唐接待依约来店的钟先生,随后帮他办理了结算及交车手续,10:15,小唐送钟先生离店。

在交车环节,维修接待员就要代表公司去和客户交涉,跟客户沟通。交车送行环节是同客户面对面交流的最后一个环节(图6-3),若不能让客户满意离店,服务顾问很难再有机会弥补。车辆交付环节甚至比接待环节更胜一筹,若能让客户满意离店就能提高下次进店的机会,为给店里留住一批忠诚客户。

图6-3 客户对车辆交付的期望

一 任务描述

服务顾问小李帮客户王先生办理了维修车辆的结算手续,随后陪同王先生到交车区当面交车。小李取下安全防护三件套、记录交车结果并送客户离店,然后回工作台将维修工单归档。

学习准备

❶ 知识准备

作为服务顾问,在交车前要注意哪些交车前的细节?

_____

_____

_____

❷ 接待准备

作为服务顾问,在交车时要做好哪些交车说明?

_____

_____

_____

❸ 话术准备

服务顾问在交车时,要注意语言语调及肢体动作上的哪些细节?

_____

_____

_____

❹ 工具、表单准备

发票袋,维护提醒卡、接车工单夹板、维修手册、车钥匙。

实训流程

送客流程如图6-4所示。

验车结算

引领交车

交车说明

协助离店

资料整理

跟踪服务

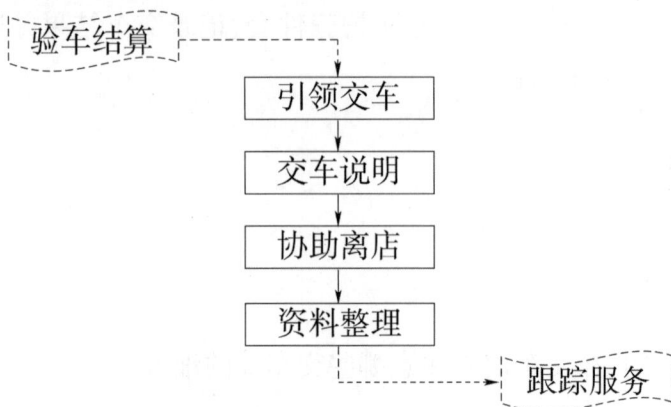

图6-4　送客流程图

四 实训步骤

❶ 引领交车

(1)客户付款后,将所有单据(派工单、维护表单、维修质检单、结算单、发票)放入发票袋中,同《维护手册》一并交给客户。

(2)陪同客户前往车辆竣工区。

话　术	提　示
小李:王先生,这是您这次维修服务的所有单据,请收好。 王先生:谢谢。 小李:不客气,我们这就去车辆交付区吧,这边请。	注意:微笑、目光、站姿、走姿、手势、敬语。

❷ 交车说明

(1)向客户确认更换下来的旧零件或部件(保修件除外),并询问处理方法。

(2)向客户说明已做的调整(如:时钟、电台频道、灯光调整等)。

(3)向客户说明车上某些配置可能被调整过,请客户自行调整(如座椅、反光镜、空调控制等)。

(4)将车钥匙交还客户。

话　术	问　题
小李:王先生,维修时拆除的减振器,我们已经给您放到行李舱里了,您看。 王先生:哦。 小李:请问,您是将这些旧件自己带回去呢,还是由我们帮您处理? 王先生:我带回去吧。 小李:好的。另外,不好意思,由于维修工作需要,您车上的座椅、反光镜或者空调控制有可能做过微调,请您按照您的驾驶风格调整回原位,请多包涵! 王先生:没关系,我自己会调整。	旧件的包装要注意什么?

❸ 意见征询

(1)征询客户对本次服务的整体感觉以及意见和建议,并记录,同时表示感谢。

(2)向客户说明如有任何问题可与4S店或服务顾问进行联系,并递送名片(如条件成熟,在征得客户的同意后,于车辆驾驶室内方便处粘贴本店服务热线)。

话　术	提　示
小李:王先生,您对我们的这次服务还满意吗? 如果有什么意见和建议请告诉我,今后我们会努力做得更好。 王先生:很好,我很满意。 小李:谢谢您对我们工作的肯定。三天后,我们的客服代表将对您进行回访,主要是询问车辆维修后的使用状况,到时还请您给予配合。 王先生:好的。 小李:王先生,这是我的名片,以后有任何需要您可随时拨打我店的服务热线或我的电话,我的电话是24小时	(1)根据天气准备雨伞。 (2)走在客户左前方,配合客户步伐。

开机的,希望您能继续支持我们的工作。 　　王先生:好的,这次很感谢你。 　　小李:不客气,这是我应该做的。	

❹ 与客户道别

(1)当着客户的面,取下车辆安全防护三件套。

(2)将客户送到门口,致谢,如有必要,需引导客户将车开到行驶道上,并目送客户离开(图6-5)。

图6-5　送客离店

特别注意:

要避免以下情况发生:车辆没有洗干净;客户出门时没有人服务;没有放行条,客户不能顺利离开;车被堵住了,客户不方便进出。

话　　术	提　　示
小李:王先生,让我来把防护用具拆掉吧。 　　王先生:好的,多谢。 　　小李:感谢您的光临,我替您去交放行条,祝您生活愉快! 　　王先生:谢谢。 　　小李:再见! 　　王先生:再见!	(1)打开车门时,单手扶头。 (2)小跑至门卫室传递放行条。 (3)目送至客户时间不低于10秒钟。 (4)若客户无意马上离开,请不要打搅客户,及时离开。 (5)目光专注,望着客户离开的方向,右手五指并拢,在右耳旁前,手臂成弧形,微微挥手并做立正站姿。

⑤ 整理资料

检查、整理本次维修档案,并将全部单据存档。

实训指导

实训项目1　验车结算环节演练

1)情景说明

(1)车辆完工后停在交车区,客户在客户休息区等待。

(2)车辆进厂做行李舱盖、后保险杠修复喷漆及更换行李舱锁。

(3)移车人员将清洗完的车辆移至交车区。

(4)客户不带走旧件。

2)演练内容

验车结算流程。

3)参与人员

服务顾问、移车人员、结算员、客户。

4)道具

快速服务单、作业卡、结算单、车辆、CS安全防护三件套(缺)、旧件-行李舱锁、作业管理系统看板。

5)实训过程及要点

(1)分组:每组6~10人。

(2)角色分配:每组由三人扮演服务顾问、财务人员和客户,其他人做评委。

(3)设定车辆状态。

(4)迎接客户,进行维修内容、费用解释及开具发票。

(5)点评:学生评委点评,教师讲评,并总结出标准话术做参考。

实训项目2　车辆交付演练

1)情景说明

(1)车辆进厂做行李舱盖、后保险杠修复喷漆及更换行李舱锁。车辆已完成清洗、验车。

（2）客户已完成结算。

（3）移车人员将清洗完的车辆移至交车区。

（4）客户不带走旧件。

2）演练内容

车辆交付及送客。

3）参与人员

服务顾问、客户。

4）道具

车辆、CS安全防护三件套（缺）、旧件-行李舱锁、车钥匙。

5）实训过程

（1）分组：每组6～10人。

（2）角色分配：每组由两人扮演服务顾问、客户，其他人做评委。

（3）设定车辆状态。

（4）迎接客户，进行维修内容、费用解释及开具发票。

（5）点评：学生评委点评，教师讲评，并总结出标准话术做参考。

练　　习

❶ 问答

1）交车时的验车要点有哪些？

2）送客时应该注意什么？

3）在送客时怎样提醒客户下次来店？

❷ 话术练习

1）在结算时，客户抱怨说："怎么这么贵！"，此时服务顾问应该怎样回应？

2）车辆维护结束之后，服务顾问展示换完的机油桶，客户发现桶里还有少量机油，询问服务顾问，服务顾问应该怎样回答？

3）客户问："怎么4S店洗车不如我家附近的洗车行洗得干净，是不是没有好好洗啊?"这时服务顾问应该怎样回答？

4）在交车时，服务顾问提示客户留意车辆状况以及下次维修时需要做的项目,应该怎样跟客户说?

5)在结算时,客户发现结算费用比预估费用略高,询问服务顾问,服务顾问应该怎样回答?

❸ 综合题

1)制作一张维护提示卡。

2)制作一个信封模板,用于给客户装结算单和发票等资料。

单元七
电话回访

客户回访是 4S 店客户服务的一项重要工作,做好客户回访是提高 4S 店客户满意度的重要方法。通过对客户的回访,能从中了解到产品和服务的不足之处,收集客户反馈意见和建议,有利于改善企业的经营管理。此外,通过与客户的互动和沟通,也可以完善 4S 店的客户数据库,完成 4S 店信息反馈的功能,促进企业的发展,提高企业竞争力。

客户回访是指通过电话以及各种途径对售后产品、客户投诉、客户满意度进行回访和处理。其中电话回访是最有效的回访方式,目前也是各汽车企业考核 4S 店的一项重要指标。目前,4S 店主要进行三日或七日回访、三十日回访、流失客户回访等。

电话回访有以下几点好处:首先,可以再次感谢客户的惠顾,解释本次维修服务存在的任何不明之处,也让客户感觉得到了 4S 店的重视,帮助 4S 店得到忠诚的客户并提升企业形象;其次,可以了解到客户维修后的车辆使用情况,以及是否以客户为出发点完成了工作,通过与客户交谈也可以找出缺陷和不足之处,迅速采取补救措施,防止不满意的客户传播他们的愤怒和不满,甚至以后不再光临;再次,可以收集客户对 4S 店服务的评价,帮助提升服务质量。

　　作为客户回访人员,首先就要懂得如何与客户沟通。在与客户的沟通互动中,客服专员的话语应该能带给客户一种贴心,受重视的感觉,做好回访不但可以给客户贴心的服务,还可以产生好的口碑,加强客户对产品的信心。把握好客户回访的时机,帮助客户解决问题,能有效地改进4S店的形象以及加强与客户的关系(图7-1)。

图7-1　客户对于回访的期望

任务一　三日电话回访

　　【情景1】　陈先生在维护时候问换的什么牌子的润滑油,为什么比外面贵那么多,服务顾问只是简单回答说是本品牌专用的润滑油,就没有更多的解释了,陈先生对这个答复有些不满意,所以回访的时候反馈了这次维护的问题,在服务满意度方面没有给满分。

　　【情景2】　车主蔡先生接到了汽车厂家打来的回访电话(图7-2),了解蔡先生一个月前去某4S店为车辆维护的经历。电话中,回访专员询问了该4S店的服务问题,并请蔡先生为4S店打分。蔡先生认为4S店的服务确实还不错,所以每一项都打了10分。几天后,4S店通知蔡先生为了感谢蔡先生接受厂家电话回访,专门赠送机油一桶,请蔡先生有空前来领取。对此蔡先生很满意,还跟车友会的车友们分享了他的经历。

图 7-2　第三方调查

一 任务描述

【三日回访】　王先生于三天前在本店做过维护,为了了解王先生的车辆状况和客户对本店服务的满意程度,请通过电话方式(图7-3)对王先生进行回访,了解王先生的意见。

图 7-3　服务顾问拨打回访电话

二 学习准备

❶ 知识准备

(1)回访中,客服专员需要对哪些方面向客户进行提问?

(2)要做好回访工作,客服专员需要了解哪些知识?

_____

_____

_____

(3)客服专员在进行回访之前,还需要了解客户的哪些资料?

_____

_____

_____

❷ 话术准备

(1)客户可能在哪些方面有意见?

_____

_____

_____

(2)如何应对客户提出的问题?

_____

_____

_____

❸ 工具、表单准备

维修档案、客户问题反馈日报表。

三 实训流程

三日回访流程如图7-4所示。

```
整理前三日的派工单
        ↓
选出准备回访的派工单
        ↓
根据派工单记录的内容与客户取得联系
        ↓
自我介绍,说明此次沟通的目的
        ↓
客户是否方便接受回访
   否 →              ↓ 是
向对方表示歉      感谢客户来店
意并结束回访            ↓
              服务满意度确认并记录
                    ↓
     如客户提出车辆问题,应建议客户来店检查或维修
                    ↓
        感谢客户接受回访,并结束本次回访
                    ↓
        分析客户不满意原因,安排相关部门实施改进
                    ↓
     对提出有价值意见、建议的客户进行信息
     反馈并赠送礼品
```

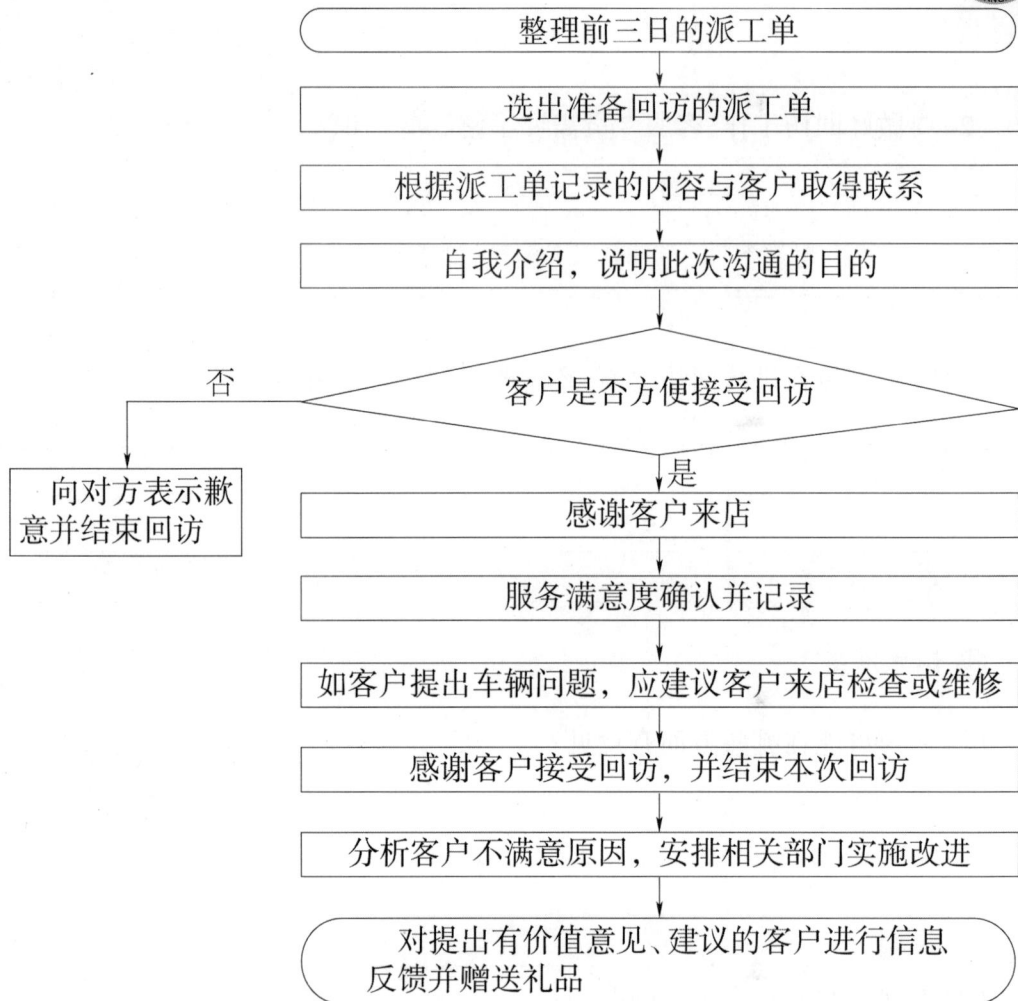

图7-4   三日回访流程图

四 实训步骤

❶ 回访准备

登录店内客户管理系统,整理三日前来店维修的客户资料,完善客户资料库,了解客户回访记录和回访时间等信息,准备好常用资料。

❷ 客户筛选

根据客户资料,按照回访周期,选择进行回访的对象;根据维修工单的内容,

对客户进行回访。

思　考

拨打电话是用座机还是用手机比较好？怎样选择回访对象？

_____

_____

_____

_____

❸ 拨打回访电话

首先拨打客户留下的联系电话,询问接听者是否车主本人;如果是车主本人,继续询问车主是否方便接听电话;然后进行自我介绍,说明本次回访的目的;接下来询问客户对本次服务的意见,确认后记录下客户的意见或建议;最后对客户表达谢意,结束通话。

❹ 投诉处理

将回访电话的客户意见进行整理,填写在《跟踪回访表》(表7-1)中,生成投诉处理表,进入投诉处理流程。

❺ 统计分析

对每周/月的回访信息进行分析,针对存在的问题进行改进。

回 访 话 术	问　　题
小林:您好,我是××4S店的客服专员小林,请问您是粤A×××××的车主王先生吗？ 王先生:是的,你请讲。 小林:感谢您对我们工作的支持。您的爱车××月××日在本店进行了维护,我想对这次维护做个回访,请问您现在方便通话吗？	(1)客户接到电话后说不方便接电话,客服专员应该怎样回应？ (2)如果客户留下的电话显示是空号,应该怎样处理？

王先生:方便。

小林:谢谢,耽误您两分钟时间!请问您来我们店有预约吗?您对我们的预约服务是非常满意/满意/一般,还是不满意呢?

王先生:非常满意。

小林:在维护工作开始之前,服务顾问对即将展开工作的解释,您觉得是非常满意/满意/一般,还是不满意呢?

王先生:满意。

小林:服务顾问有没有积极倾听您的要求并进行解答?您对服务顾问的服务是非常满意/满意/一般,还是不满意呢?

王先生:满意。

小林:本店有没有正确地完成这次维护工作?您对本次维护服务是非常满意/满意/一般,还是不满意呢?

王先生:满意。

小林:交车时车辆的干净整洁程度您是非常满意/满意/一般,还是不满意呢?

王先生:满意。

小林:维护过后服务顾问有没有就您的结算清单主动为您进行详细的解释呢?服务顾问对结算清单的解释,您是非常满意/满意/一般,还是不满意呢?

续上表

王先生:满意。 小林:您对接车和交车时等待的时间是非常满意/满意/一般,还是不满意呢? 王先生:满意。 小林:您对服务顾问的服务态度和专业知识是非常满意/满意/一般,还是不满意呢? 王先生:满意。 小林:您对我们店的服务工作有没有什么意见和要求呢? 王先生:没有。 小林:非常感谢您的配合,日后您可能会接到我们厂家委托的第三方调查,如果您觉得我们的服务还不错,那就请您一定要帮我们打10分,在回访成功后我们会有礼品赠送,再次感谢您,有问题随时可以拨打我们的服务电话,祝您用车愉快,请您先挂机,再见!	(3)怎样评价预约服务的满意度?有哪些要点? (4)针对维修过程的每个环节,还可以对哪些环节提出哪些问题? (5)客户有意见时,应用什么话术应对?

汽车维修电话跟踪回访表

××汽车4S店

表7-1

填表人:

序号	车主	车辆号牌	里程数	车型	联系电话	回访日期	修后车辆使用情况	接待维修满意情况						备注	处理情况	
								维修质量	维修服务速度	工时速度态度	配件价格	配件价格质量	不满意原因	客户建议、批评或表扬(休息室条件是否满意)	客服是否回答	最后返工结果

任务二 流失客户电话回访

【情景1】 林先生在某4S店买车后一直在该店做维护,但是最近半年多林先生一直没有来店,上次来店的维护过程也很正常,没有发生任何不愉快,不知道是什么原因导致林先生没有再来店维护。

【情景2】 郑先生的车辆半年前保修期结束,之后郑先生就再也没有来4S店做过维护,为了了解郑先生不再来店的原因,需致电郑先生了解详情。

● 一 任务描述

【半年流失客户回访】 林先生以前一直在某4S店做维护,但是最近半年多林先生一直没有来店,为了了解林先生没有来店的原因,借着店内有免费检测活动的机会,客服专员小李准备致电林先生,了解林先生未来店的原因(图7-5),并邀请林先生参加免费检测活动。

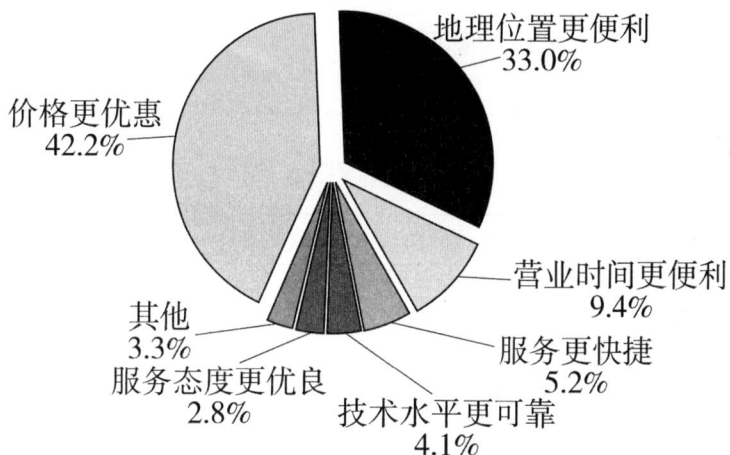

图7-5 客户选择其他4S店的原因

● 二 学习准备

❶ 知识准备

客户流失的原因可能有哪些?

❷ 心理准备

(1)为什么要对流失客户进行回访？

(2)回访中需要对哪些方面进行提问？

(3)我们还需要了解客户的哪些资料？

❸ 话术准备

(1)客户可能在哪些方面有意见？

(2)如何应对客户提出的问题？

❹ 工具、表单准备

维修档案、客户问题反馈日报表。

🔵 实训流程

流失客户回访流程如图 7-6 所示。

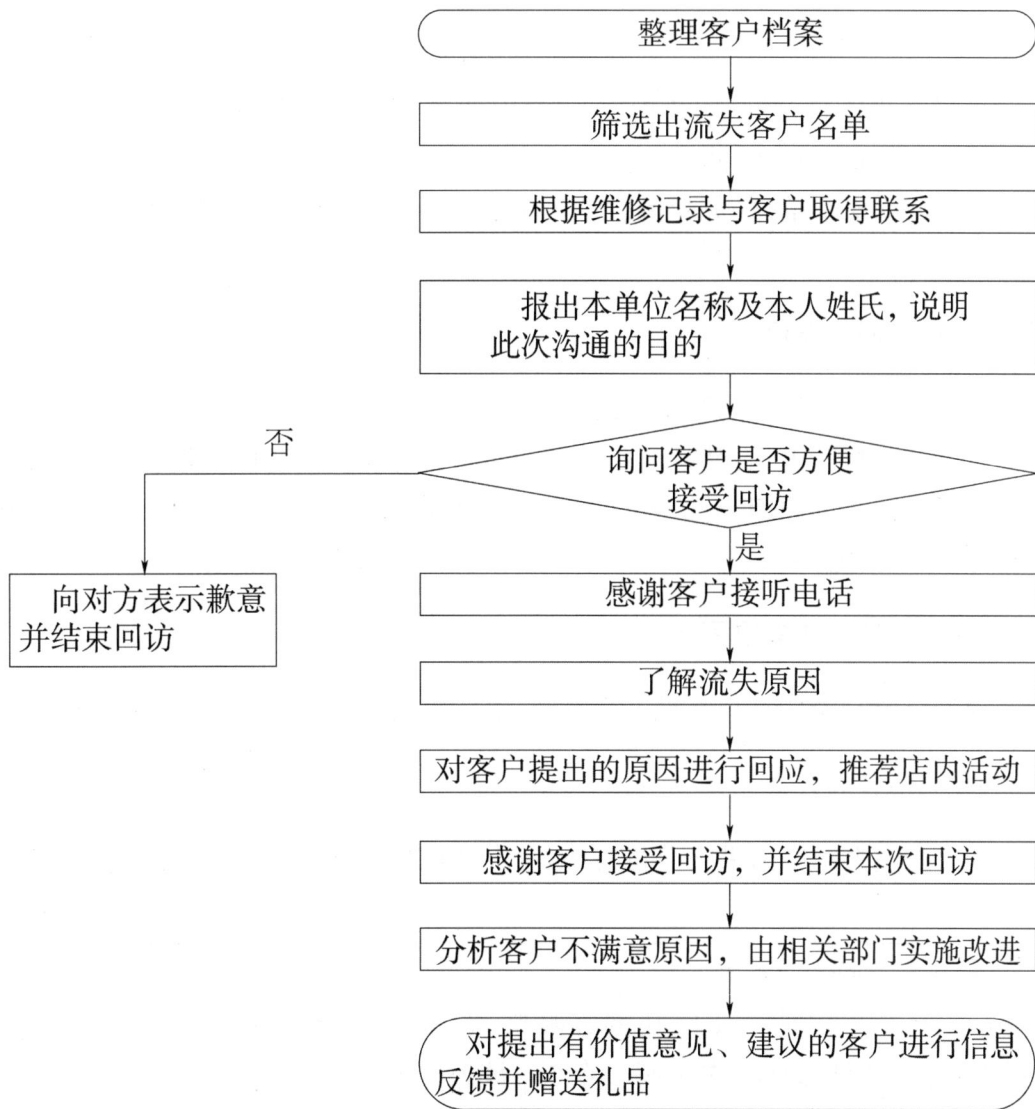

整理客户档案

↓

筛选出流失客户名单

↓

根据维修记录与客户取得联系

↓

报出本单位名称及本人姓氏,说明
此次沟通的目的

↓

询问客户是否方便
接受回访

否 →
向对方表示歉意
并结束回访

是 ↓

感谢客户接听电话

↓

了解流失原因

↓

对客户提出的原因进行回应,推荐店内活动

↓

感谢客户接受回访,并结束本次回访

↓

分析客户不满意原因,由相关部门实施改进

↓

对提出有价值意见、建议的客户进行信息
反馈并赠送礼品

图 7-6　流失客户回访流程

四 实训步骤

❶ 整理档案

登录店内客户管理系统,整理超过半年以上未来店维修或维护的客户资料,了解客户回访记录和回访时间等信息,准备好常用资料。

❷ 筛选客户

根据客户资料,按照回访周期,选择有潜在流失可能的客户,了解客户最后回厂项目,准备进行电话回访。

分析回访对象信息(如年龄、性别、住址、总回厂次数、总消费金额、最后回厂项目等)。

❸ 拨打回访电话

首先拨打客户留下的联系电话,询问接听者是否车主本人;如果是继续询问车主是否方便接听电话;然后进行自我介绍,说明本次回访的目的;接下来询问客户最近未来店的原因,邀请客户回店参与活动,确认后做好记录。最后对客户表达谢意,结束通话。

❹ 分析客户流失原因

对回访时记录的客户意见进行整理,生成流失客户分析表,进入分析阶段。

❺ 制定整改方案

对客户流失的原因进行分析,针对存在的问题制定改进措施,争取挽回流失客户。

回访话术	问题
小李:您好! 我是××4S店的客服专员小李,请问您是林先生吗? 今天打电话给你想耽误您一点时间,了解您车辆的使用情况,您看可以吗?	(1)客户接到电话后说正在开会,应该怎样说?

续上表

林先生:可以。

小李:感谢您对我们工作的支持。林先生,您的爱车曾于××年××月××日在本 4S 店进行维护,现在的车辆状况怎么样?

林先生:很好。

小李:那您车现在行驶有多少公里了? 是否做过维护了呢?

林先生:去其他地方做过维护了。

小李:林先生,我能否了解一下您选择的维护地点和不来我店维护的原因吗?

林先生:我就在家附近做的维护,你们那里太贵了!

小李:是这样的,林先生,我们 4S 店的收费是按厂家标准来收的,不会乱收费。我们的价格跟外面的维修厂价格相比可能会贵一点儿,但是我们是有保障的,而且我们的员工都是专业技术人员,会让人比较放心。要不您看这样,你下次过来维护我给你申请工时费打个折扣吧,平时都是要提前预约而且要准时到店才能享受的。

林先生:我需要时会过去的。

小李:好的,林先生。针对目前的潮湿天气,我店现有一个老客户空调系统免费杀菌活动,活动时间是本月内,来店还可以赠送礼品一份,欢迎您前来参加。

(2)客户说自己换车了,应该怎样应答?

(3)客户反映如下原因,应该怎样应答?
①距离 4S 店太远了;
②服务态度差;
③维修质量差;
④里程数还不够。

(4)还有哪些可以吸引客户再来店的方案?

林先生:我知道了。 小李:林先生,非常感谢您接受我们的回访,如果您在用车过程中有什么问题,可以随时拨打我们的服务热线××××××××,祝您用车愉快!请您先挂机,再见。 林先生:再见。	

实训指导

实训项目1   三日回访

❶ 实训准备

1)回访的主要目的是什么?

_____

_____

_____

2)回访前需要做哪些准备?

_____

_____

_____

_____

❷ 实训过程

1)情景说明

(1)客服人员根据系统信息,对维修出厂的客户进行回访。

(2)客户姓名:张先生,车辆号牌:粤 A×××××。

(3)回访类型:三日回访。

2)演练内容

对维修出厂三日的客户进行回访,了解客户满意度,请客户为本次服务评分,了解客户意见。

3)参与角色

客服人员、服务顾问、客户。

4)道具

电脑、电话、笔记本、笔、回访表等。

5)实训要点

(1)分组:每组6~10人。

(2)角色分配:组员分别扮演客服人员、服务顾问、客户。

(3)点评:学生评委点评,教师讲评,并总结出标准话术做参考。

实训项目2　半年流失客户回访

❶ 实训准备

1)需要准备哪些工具?

_____

_____

_____

2)还需要做哪些准备?

_____

_____

_____

❷ 实训过程

1)情景说明

(1)客服人员根据系统信息对流失客户进行回访。

(2)客户姓名:张先生,车辆号牌:粤A×××××。

(3)店内活动:夏季免费空调检测和养护。

2)演练内容

对半年流失客户进行回访,了解流失原因,争取挽回客户。

3)参与角色

客服专员、服务顾问、市场部人员。

4)道具

电脑、电话、笔记本、笔、回访表等。

5)实训要点

(1)分组:每组6~10人。

(2)角色分配:组员分别扮演客服人员、服务顾问、市场部人员、客户。

(3)点评:学生评委点评,教师讲评,并总结出标准话术做参考。

练　习

1 问答

1)客户回访的岗位职责是什么?该岗位要求从业者具有什么样的素质?

2)客户对于4S店的回访工作有什么期待?

3)除了电话回访外,还可以通过哪些方式对客户进行回访?

2 综合题

1)请编写一条维修质量回访短信。

2)请制作一个挽回流失客户的活动方案。

单元八
处理抱怨和投诉

学习目标

1. 正确认识客户抱怨和投诉；
2. 掌握处理抱怨和投诉的基本原则和方法；
3. 能够处理简单的客户抱怨和投诉。

汽车维修过程中，4S 店为客户同时提供技术服务和人员服务，让每一个客户都满意很难，客户的抱怨和投诉在所难免，关键是看 4S 店怎样处理客户的抱怨和投诉，能否给客户一个满意的答复。处理好抱怨和投诉，可以有效提升客户的满意度，改善企业形象。

客户的抱怨和投诉不一定代表不满，有时也是对企业的一种提醒。通过客户的抱怨和投诉，可以了解到客户的意见，知道哪些地方还有不足，从而不断改进，提高企业的竞争力。客户不抱怨、不投诉也不一定代表客户对企业非常满意，有些客户会把自己的不满和朋友倾诉，从而使企业失去更多的客户。所以，4S 店要积极向客户征询意见，了解客户的抱怨和投诉(图 8-1)，积极处理、不断改进，从而赢得客户的满意度和忠诚度，提升企业形象。

希望抱怨和投诉得到妥善的处理，希望4S店知道我对本次维修的意见和建议。

图 8-1 客户对抱怨和投诉处理的期望

任务一 处理客户抱怨

【情景 1】 陈先生一周前停车时不小心撞到了一根突出的钢筋,导致后保险杠被戳出一个洞。周末,陈先生去某 4S 店维修,在估价时,服务顾问说维修保险杠大概需要 1200 元,更换保险杠大概需要 1800 元,因为要重新喷漆并等漆完全干,需要把车停在店里两天。陈先生觉得自己的车辆保险杠也没有什么大问题,就是一个小洞,怎么维修需要这么多钱,就跟服务顾问抱怨了几句,服务顾问说:"陈先生,我们也没办法,这是厂方的统一定价。"陈先生只有接受这个价格,但是心里还是觉得很贵!

【情景 2】 赵先生的爱车来 4S 店做 5000km 周期维护,维护结束交车时,服务顾问给赵先生展示了旧件,其中有刚换完的机油桶。赵先生拿起机油桶看了一下,发现机油桶里还剩余一些机油(图 8-2),就问服务顾问怎么没换完,服务顾问说:"一次只能加这么多了,已经到了机油尺的上限,剩下的您可以带走。"赵先生抱怨说:"既然只能加这么多,为什么机油不做的容量刚刚好,剩下这一点点带回去也没有用了,这不是浪费我的钱吗?"服务顾问耐心的解释了为什么机油会有一些剩余的原因,最后赵先生终于表示理解。

图 8-2　换机油

🌐 任务描述

【应对客户抱怨】　客户张先生来 4S 店给自己的爱车做维护,在结算时张先生向服务顾问小李抱怨说:"维护不就是换个机油嘛,怎么每次都那么贵,还要求我们要定期做维护,真是会赚钱。下次我也不来这里做维护了,我现在很多朋友都自己买机油 DIY 了,还可以去家附近的快修店维护,又便宜又方便。"作为服务顾问,应该怎样处理张先生的抱怨呢?

🌐 学习准备

1 知识准备

(1)令客户不满意,从而引发抱怨的原因有哪些?

_____

_____

_____

(2)客户不满意对企业有什么坏处?

_____

_____

_____

(3)客户满意度高对企业有什么好处？

❷ 话术准备

(1)遇到客户抱怨时,应该用怎样的心态去处理抱怨？

(2)客户在抱怨时,希望听到哪些答复？

(3)客户在抱怨时,不希望听到哪些话？

(4)遇到情绪非常激动的客户,应该怎样应对？

❸ 工具、表单准备

客户抱怨记录表等。

三 实训流程

处理客户抱怨流程如图 8-3 所示。

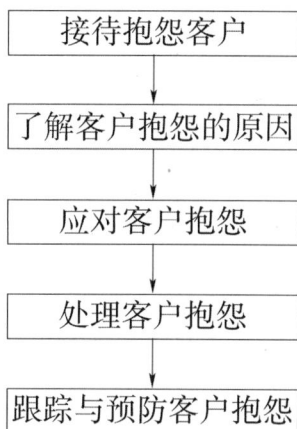

```
接待抱怨客户
    ↓
了解客户抱怨的原因
    ↓
应对客户抱怨
    ↓
处理客户抱怨
    ↓
跟踪与预防客户抱怨
```

图 8-3　处理客户抱怨流程图

四 实训步骤

1 接待抱怨客户

（1）面对抱怨客户，要做到微笑、热情面对，不要不冷不热地对待客户，要让客户感觉到你是关心他、理解他的遭遇的。

（2）控制自己的情绪，保持冷静，不受客户影响。在客户的眼中，服务顾问不是代表个人，而是代表公司，即使客户的情绪再激动，也要克制自己，保持冷静，不要与客户冲突。

思考

客户抱怨时，会是什么心情？

_____

_____

_____

❷ 了解客户抱怨产生的原因

通过与客户的交流,了解客户产生抱怨的原因,在交流过程中要注意不要辩解、不要推卸责任、不要打断客户的陈述,让客户发泄不满后再进行解释,同时记录客户抱怨的问题。

❸ 对客户抱怨的问题作出应对

(1)对客户表示理解。能够站在对方的角度去解决问题,是每个客户的期望,如果接待人员能将心比心地体谅客户的感受,感谢客户的坦诚沟通,关注客户内心感受,可以让客户知道你明白他的感受时,他会更乐意与你合作,更容易解决问题。

思 考

在了解客户抱怨的原因时,应该注意哪些技巧?

_____

_____

_____

(2)表示歉意。接待人员要体谅客户的感受,并代表公司向客户道歉。

❹ 处理客户抱怨

客户抱怨的目的还是希望能解决问题,所以这也是唯一能让客户满意的途径。

(1)对客户提出的问题进行解释,给客户提供合理的答复;

(2)征询客户意见,寻找令双方满意的解决之道;

(3)先安抚客户,并请主管或有关部门出面解决。

思 考

在解决冲动暴躁型的客户抱怨时,应该采取什么方法?

_____

⑤ **跟踪与预防客户抱怨**

为了防止抱怨的再次产生,需要总结客户抱怨的内容,调查问题发生的原因,做好应对话术,以便给出让客户满意的解释,并对抱怨客户及时进行跟踪服务,提升客户满意程度,培养忠诚客户。

话　术	问　题
张先生:就是换换机油、机滤,费用怎么这么高?你们店的维护费用太高了,比外面快修店高很多! 小李:我们4S店为客户提供专业的技术人员、配套的设备、原厂配件,这些都是优质安全的保证。费用也是在厂家指导下制订的,更换机油、机滤只是我们维护的一部分,我们还为您提供其他检测项目,包括检查灯光、检查制动系统、检查轮胎,等等,为您的爱车提供全方位的、细致的检测,使您用车更安全、放心。 张先生:那也太贵了,我有朋友现在都买材料回来自己做维护了。 小李:我们的技术人员专业程度较高,我建议维护还是要在4S店做,毕竟这关系到您的安全。虽然您感觉上有些贵,但是其实一年也只做一两次维护,而且我们的技术您可以绝对放心。	客户抱怨配件等候时间较长,没有车用时,可以提供什么建议?

任务二　处理客户投诉

【情景1】　刘先生想在夏季来临之前到4S店给自己的爱车做空调系统清洗。由于几天前服务顾问小郑已经联系过刘先生,建议他做空调系统清洗,并在电话里说费用只要50元,所以刘先生到店之后找了小郑,但是小郑说空调系统清洗要100元。刘先生说明明记得之前电话里说只要50元,为什么现在要坐地起价,明显是骗人的。两人越说越激动,刘先生言语之中也说了粗话,小郑也急了,说以后再也不要来我们店了,再来也不接待。刘先生很生气,最后拨打了投诉电话投诉小郑,要求小郑正式道歉,并要求4S店免费做空调系统清洗当作赔偿。

【情景2】　林小姐在某4S店买了一台新车,但是买回去不久发现,空调系统在急速时出现了不制冷的现象,并且反复出现。于是林小姐将爱车开回4S店做保修,但是经过清洗管路、更换压缩机等反复几次维修后,仍不能解决故障,而且由于是保修,每次在厂维修时间都很长,并且服务态度也让林小姐不太满意,最后林小姐选择了拨打厂家的售后服务电话,投诉该4S店(图8-4),并要求厂家解决自己爱车的问题。

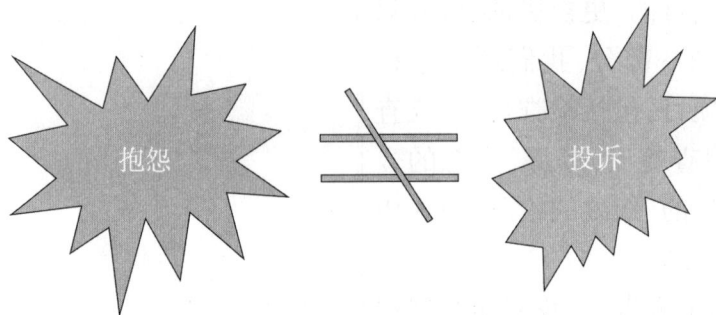

图8-4　抱怨与投诉

● 任务描述

【处理客户投诉】　一位女士在离开4S店后大概10分钟打电话给4S店,客服小林接听了电话。在电话里,女士显得非常激动的说我要投诉,小林安慰客户说别着急,慢慢说。女士反映在刚才维修结束之后,4S店没有认真清洗车辆,只是清洗了车外,但是车内完全没有清洗。小林询问这位女士的车辆号牌,这位女士没有回答,依然非常气愤的描述车辆的状况,并且表示自己正在开车,如果不是有急事的话,一定要把车开回 4S 店给客服和服务顾问看,并且生气地说要投诉该店,以后也不会再来这家店了。

　　如果你是小林,你准备如何安抚这位客户,并对客户反映的问题作出回应。

● 学习准备

❶ 知识准备

(1)抱怨和投诉有什么区别?

_____

_____

_____

(2)客户可能通过哪些渠道和方式进行投诉?

_____

_____

_____

(3)客户投诉的内容可能涉及到哪些方面?

_____

_____

_____

❷ 话术准备

(1)遇到客户骂自己时,应该用怎样的心态去处理?

_____

_____

_____

(2)客户在投诉时,希望听到哪些答复?

_____

(3) 客户在投诉时,不希望听到哪些答复?

(4) 在遇到自己解答不了的客户投诉时,应该怎样跟客户说?

❸ 工具、表单准备

客户抱怨记录表等。

三 实训流程

处理客户投诉流程如图 8-5 所示。

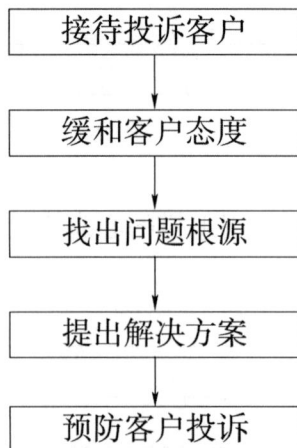

```
┌──────────────┐
│   接待投诉客户   │
└──────────────┘
        ↓
┌──────────────┐
│   缓和客户态度   │
└──────────────┘
        ↓
┌──────────────┐
│   找出问题根源   │
└──────────────┘
        ↓
┌──────────────┐
│   提出解决方案   │
└──────────────┘
        ↓
┌──────────────┐
│   预防客户投诉   │
└──────────────┘
```

图 8-5　处理客户投诉流程图

四　实训步骤

1 接待投诉客户

在接待投诉客户时,倾听是最为重要的,认真的倾听客户反映的问题,不要轻易打断客户的陈述,理解客户的心情,争取站在客户的角度去了解出现的问题。

思考

客户投诉时,会是什么心情? 这时客户希望接待人员扮演什么角色?

_____

_____

_____

2 缓和客户态度

客户在投诉时,希望得到接待人员的认同,而不是否定。所以接待人员要对客户所反映的问题表示认同,设法平息客户的情绪,保证双方能心平气和的交流。

3 找出问题的根源

客户在投诉时,其初衷是希望问题能够得到解决,因此要从客户的投诉中找到客户的核心期望,通过提问了解问题发生的根本原因。

4 提出解决方案

根据客户的期望和企业的能力,为客户提供解决方案,争取一次性解决问题。

思考

如果客户提出的条件远远超出预期,应该怎样跟客户解释?

5 客户投诉的跟踪与预防

在问题解决之后对客户进行跟踪服务,了解问题的解决情况,给予客户关爱,有利于提升客户满意度。同时,为了避免投诉的再次发生,需要总结客户投诉的内容,调查问题发生的原因,做好应对话术和解决措施,以便给出让客户满意的答复,尽量减少投诉现象的发生。

话　术	问　题
客服小林:您好,这里是××4S店,请问有什么可以帮您!	如果遇到的投诉是因为顾客人为造成的,应该怎样处理?
客户杨女士:我刚才在你们店里做维护,车子没有洗干净! 只有外面洗了,里面根本就没有洗!	
小林:是刚刚做完维护吗? 虽然我们是免费洗车,但是一般也不会出现洗不干净的情况,女士您能不能报一下您的车辆号牌,我帮您查一下。	
杨女士:免费也不能这样洗啊,根本就没给我洗干净,还不如外面的快修店呢。我现在正在开车,有急事要去办,要不我一定回去找你们让你们看看,车内完全没有清理。	
小林:女士您别着急,您看能不能把车辆号牌报给我,我给您查一下,等一下回复您,也避免您在开车的时候分心,好吗? 您放心我们一定会给您一个满意的答复的。	
杨女士:好吧,我的车辆号牌是粤A×××××。	

续上表

小林:好的,女士,我会帮您查一下,等下再联系您,一定会给您一个满意的答复的,祝您用车愉快!	

实训指导

实训项目1 客户抱怨处理过程演练

❶ 实训准备

1)在接待抱怨客户之前,应该怎样调整自己的心态?

_____

_____

_____

2)接待抱怨客户之前,需要做哪些话术准备?

_____

_____

_____

❷ 实训过程

1)情景说明

(1)客户姓名:张先生;车辆号牌:粤A×××××。

(2)客户抱怨内容:配件价格高,工时费用高。

2)演练内容

对客户张先生的抱怨内容进行解答。

3)参与角色

服务顾问、客户。

4)实训要点

(1)分组:每组6~10人。

(2)角色分配:一人扮演客户,一人扮演服务顾问,其他人作为评委。

(3)要点:

①服务顾问的语言运用(包含肢体语言);

②抱怨的处理流程;

③客户能否接受服务顾问的答复。

(4)点评:学生评委点评,教师讲评,并总结出标准话术做参考。

实训项目2 客户投诉处理过程演练

❶ 实训准备

1)在接待投诉客户之前,应该怎样调整自己的心态?

_____

_____

_____

2)需要做哪些话术准备?

_____

_____

_____

❷ 实训过程

1)情景说明

(1)客户姓名:张先生;车辆号牌:粤 A ××××× 。

(2)客户投诉内容:发动机漏机油,经过维修后故障并未排除。

2)演练内容

对客户张先生的投诉内容进行解答。

3)参与角色

服务顾问、客户。

4)实训要点

(1)分组:每组 6～10 人。

(2)角色分配:一人扮演客户,一人扮演服务顾问,其他人作为评委。

(3)要点:

①服务顾问的语言运用(包含肢体语言);

②投诉的处理流程;

③客户能否接受服务顾问的答复。

(4)点评:学生评委点评,教师讲评,并总结出标准话术做参考。

练　　习

① 问答

1)客户投诉对 4S 店有什么价值?

2)处理客户抱怨的基本原则是什么?

3)抱怨和投诉会给 4S 店带来哪些不良影响?

4)如果遇到以下几种类型的抱怨客户,应该怎样处理?

(1)情绪激动型;

(2)打抱不平型;

(3)固执己见型;

(4)有备而来型。

② 话术练习

1)客户抱怨同一个问题总是间歇性出现,反复维修都没有修好。

2)因技术原因导致维修时间延误。

3)客户抱怨为什么不能进入车间观看自己的爱车的维修过程。

4)客户抱怨自己的新车油耗远远高于标示值。

③ 案例分析

(1)何先生的爱车半个月前发生了交通事故,需要更换部分配件,但是由于其中有一种配件刚好店内缺货,需要进口,进口周期为 15～20 个工作日,因此何先生的爱车始终停在店内等候配件。15 天后,何先生开始催促 4S 店快点修好,但是又过了一周配件还是没有到货,最后何先生终于忍不住向服务顾问抱怨:"我订的配件什么时候才能到货?我已经三个星期没有车开了,工作生活很不方便。"作为服务顾问,应该怎样处理何先生的抱怨呢?

(2)一位客户来到4S店,该客户的爱车是三个月前购入的,目前行驶了4500km,而且之前因为其他故障来过三次。本次客户反映车辆使用过程中空调不凉,此时客户非常生气,要求你给予解决。但是经过车间的检查发现只是自动空调被无意中关闭了……前三次分别投诉的问题如下:

第一次故障:空调不制冷,制冷剂不足。

第二次故障:修理车窗漏水,现在问题解决。

第三次故障:车辆油耗高,检查一切正常。

对待这样的客户,应该怎样处理?

参 考 文 献

[1] 刘建伟.服务礼仪[M].2 版.北京:人民交通出版社股份有限公司,2017.

[2] 贾逵钧,莫远.如何做好汽车维修业务接待[M].3 版.北京:机械工业出版社,2013.

[3] 李景芝.汽车维修服务接待[M].2 版.北京:人民交通出版社股份有限公司,2017.

[4] 何本琼,罗琼.汽车售后服务技术[M].2 版.北京:人民交通出版社股份有限公司,2019.

[5] 马涛,范海飞.汽车维修业务接待[M].3 版.北京:人民交通出版社股份有限公司,2020.

[6] 陈斌,纪烨,刘炳旭.洗车维修接待[M].北京:北京理工大学出版社,2015.